Volker Gallé (Hrsg.)
Germanische Mythologie und Rechtsextremismus
Missbrauch einer anderen Welt

WORMS VERLAG

Impressum

Volker Gallé (Hrsg.)
Germanische Mythologie und Rechtsextremismus – Missbrauch einer anderen Welt
Tagung der Nibelungenlied-Gesellschaft Worms e. V.
am 22./23. November 2013 in Worms und Osthofen
in Kooperation mit dem Nibelungenmuseum Worms, der Stadt Worms,
der Landeszentrale für politische Bildung und dem Förderverein Projekt Osthofen e. V.

Bibliografische Information der Deutschen Nationalbibliothek
Die Deutsche Nationalbibliothek verzeichnet diese Publikation in der Deutschen Nationalbibliografie;
detaillierte bibliografische Daten sind im Internet unter http://dnb.dnb.de abrufbar.

Die in diesem Buch gewählten Grundformen beziehen – sofern sie im männlichen Genus stehen – immer auch weibliche Personen ein und umgekehrt. Auf Doppelbezeichnungen wurde zugunsten der einfacheren Lesbarkeit verzichtet.

1. Auflage, Januar 2015

© Worms-Verlag 2015
in der Kultur und Veranstaltungs GmbH Worms,
Von-Steuben-Straße 5, 67549 Worms
www.worms-verlag.de

Alle Rechte vorbehalten.

Gestaltung und Produktion: Schäfer & Bonk, Worms
Schrift: Utopia
Papier: 90 g Munken Print Cream 15 / 300 g Maxi Offset

ISBN 978-3-944380-24-7

Printed in the EU.

Inhalt

VOLKER GALLÉ
Deutsche Freiheit und republikanische
Stammesfantasien – Hinweise auf brauchbare
Deutungsmuster 5

GEORG SCHUPPENER
Rechtsextreme Aneignung und
Instrumentalisierung germanischer Mythologie 21

RUDOLF SIMEK
Germanische Mythologie –
Forschungsstand und aktuelle Rezeption
am Beispiel der rechten Szene 33

BURCKHARD DÜCKER
Zum Traditionsrahmen aktueller Symbole und
Rituale rechtsextremer Formationen 45

MARTIN LANGEBACH
Nordisch-germanische Mythologie
im ›klassischen‹ RechtsRock 67

FRANZ JOSEF RÖLL
Zur Funktion und Bedeutung von Mythen
für die Identitätsbildung von Jugendlichen 83

SEBASTIAN WINTER
Die Faszination des völkischen »Heils« –
Zur Sozialpsychologie rechtsextremer Jugendlicher 107

RALPH ERBAR
Germanische Mythologie und
Nationalsozialismus im Unterricht 122

FABIAN MÜLLER
Den Missbrauch der Mythologie bekämpfen –
Erste Ansätze für eine wirksame Präventionsarbeit 139

Kurzbiografien der Autoren 146

VOLKER GALLÉ

Deutsche Freiheit und republikanische Stammesfantasien – Hinweise auf brauchbare Deutungsmuster

Nach den Verbrechen des nationalsozialistischen Deutschland hat das Grundgesetz von 1949 als Verfassung der Bundesrepublik an die politischen Traditionen eines anderen Deutschland angeknüpft. Es wurde als republikanisch und als förderal ausgehandelt. Damit waren sowohl die Einflüsse der europäischen, insbesondere der französischen Aufklärung wie auch der amerikanischen Verfassung einbezogen als auch der föderale und konsensuale Freiheitsbegriff des alten Reiches. Das entspricht der politischen Begriffsbildung der deutschen Aufklärung.

Ohne die deutsche Begriffsbildung »Bund« und seine Zusammensetzungen ist die deutsche Geschichte nicht zu verstehen. Die Abfolge der deutschen Bünde, Einungen, Gesellschaften, Ligen, Unionen und Allianzen wiederholt sich also ständig in der sprachlichen Wahrnehmung. Hinter den einmaligen Vereinigungen, oft von nur kurzer Dauer, schleift sich ein erfahrungsgesättigtes Wahrnehmungsmuster ein, das sich langsamer ändert, als die aktuellen politischen Ereignisfolgen ablaufen. [...] Der Ausdruck »Bundesrepublik« wurde erst gegen Ende des 18. Jahrhunderts geprägt, kurz vor der Französischen Revolution. Er gehört zu den zahlreichen neuen Begriffen, die damals einen neuen politischen Erwartungshorizont auszogen. Genau genommen war er ein Vorgriff auf die Zukunft. Vermutlich geprägt als Übersetzung der Montesquieuschen Formel »république fédérative«, war »Bundesrepublik« ein neuer Zielbegriff der deutschen Aufklärung. Ohne mit »Staat« assoziiert zu werden, sollten die bündischen Erfahrungen neu geordnet werden, um das Reich in eine Republik gleichberechtigter Stände mit allgemeinen Bürgerrechten zu überführen. ⟨KOSELLECK 2010, 488, 492⟩

Insofern kann mit einem Blick von heute auf die deutsche Geschichte der Neuzeit trotz ihres besonderen Charakters in der Mitte Europas nicht von einem politischen Sonderweg und auch nicht von einer verspäteten Nation, allenfalls von einem schwierigen Weg zu einer föderalen Republik gesprochen werden.

Statt dieses Weges komplexer Begriffs- und Institutionsbildungen und dialogorientierter Überzeugungsarbeit gab es immer wieder Verirrungen in vereinfachende Modelle, seien es nationalistische und zentralstaatliche Führerprinzipien oder Abwendungen von deutscher Identität überhaupt. Das eine wird in den politischen Mythen der selbsternannten zweiten und dritten Reiche deutlich, das andere in der Verweigerung einer Bestimmung deutscher Identität, wie es z. B. in der Debatte Carl Zuckmayers und Erika Manns um den Begriff eines »anderen Deutschland« in der amerikanischen Emigration nachvollzogen werden kann. Erika Mann hatte in der Exilzeitung *Aufbau* im April 1944 den Artikel »Eine Ablehnung« veröffentlicht, indem sie sich in der aktuellen Situation von der Realität eines »anderen Deutschlands« verabschiedete. Zuckmayer antwortete mit einem offenen Brief:

> Wir haben keinen Grund, anzunehmen, dass nicht gerade dort, wo Terror und Gewalt ihr schändlichstes Gesicht gezeigt haben, eine tiefgehende und ehrliche Katharsis möglich ist. Die Reinigung Deutschlands muss tiefgehend und gründlich sein, aber sie kann der Welt nichts nützen, wenn sie nur eine Zwangsmassnahme ist, wenn sie nicht von Innen kommt [...]. Ich sehe nichts Gutes darin, weder für Deutschland noch für die Welt, wenn als krasser Pendelausschlag gegen den Wahnwitz des Pangermanismus nun ein ebenso krasser Antigermanismus geschaffen wird. ⟨NICKEL / WEISS 1996, 298⟩

Die Ablehnung der erstgenannten Position ist heute eindeutiger, wiewohl sie immer wieder anvisiert wird von Tabubrechern und rechten Überzeugungstätern. Aber die antideutsche Positionierung von links ist im Grunde leider nur ein Nein zur ersten, das so inhaltlich aber an der Definition deutscher Identität von rechts festhält und sie dadurch als mehrheitsfähig bestätigt. Damit wird das zentrale Begriffs- und Gefühlsfeld dessen, was deutsch sein kann, dem Missbrauch von rechts überlassen, vielfach bis heute. Es werden jenseits von Verfassung und Rechtsordnung im wissenschaftlichen und öffentlichen Diskurs Tabureflexe generiert und eingeübt, die es der Rechten möglich machen, diese Felder, für die ein politischer und kultureller Grundkonsens in der deutschen Gesellschaft notwendig ist, exklusiv mit ihren Deutungen zu füllen und sie für sich zu beanspruchen. Neben dem Begriff deutscher Identität gehört dazu auch der Rückbezug auf germanische Geschichte und Kultur. Themen, die mit besonderem Misstrauen vermieden werden, sind aber auch der Volks- und Heimatbegriff, die Romantik wie religiöse und insbesondere christliche Narrative. Dabei wird die Wirksamkeit »erfahrungsgesättigter Wahrnehmungsmuster« und Begriffe der Geschichte unterschätzt und sie betreten den Marktplatz des Geschehens daher oft mit verzerrter Maske durch die Hintertür. Die Mitte, nicht nur als geografischer Auftrag Deutschlands gemeint, sondern auch als Ort der Vermittlung platziert, ist keineswegs ein Ort der Langeweile, sondern ein Ort der Arbeit, der Arbeit am Zusammenleben der Verschiedenen, begrifflich wie politisch und kulturell.

Mir ist in den 70er- und 80er-Jahren klargemacht worden, wie wichtig eine Arbeit an regionaler und schließlich auch deutscher Identität ist. Ich engagierte mich in der Gedenkarbeit, in erster Linie bei der politischen Durchsetzung der KZ-Gedenkstätte Osthofen in Rheinhessen. Dort bin ich auch heute noch aktiv. Gleichzeitig suchte ich meine Beheimatungen reisend, lesend und musizierend in der keltischen Kultur Irlands und der Bretagne, in der indianischen Kultur der Navajos und der Irokesen sowie in der französischen Kultur. Überall dort fragten mich die Eingeborenen jedoch irgendwann nach meiner eigenen Kultur, nach Liedern, Geschichten, Erfahrungen, Selbstverständnis. Ich nahm den Fingerzeig auf und begann mich mit meiner Geburtsheimat Rheinhessen intensiv zu beschäftigen. Das fiel mir umso leichter, als der Regionalismus dieser Jahre überwiegend links geprägt war und mit der Umweltbewegung einherging. Bestätigt fühlte ich mich vor allem durch zwei Bücher, *Small is beautiful* (1973) von Ernst Friedrich Schumacher und *The Breakdown of Nations* (1951) von Leopold Kohr; beide Autoren waren vor den Nazis nach Großbritannien emigriert.

Nach dem Beispiel von Ernst Blochs erzählerischer und zugleich dialektischer Philosophie konnte ich an versprengte, vergessene und verlorene Teile regionaler Kultur anknüpfen, die ich im Unterbewusstsein des kollektiven Gedächtnisses fand. Es gab eine politisch vielschichtige Überlieferung von Romantik – Ernst Fischer wies einen Weg zu Rousseau als Wegbereiter der Romantik –, eine demokratische Regional- und Familiengeschichte am Rhein von der Mainzer Republik bis zur Revolution von 1848 und ihren Camouflagen bis ins frühe

20. Jahrhundert und eine ebenso vielschichtige Jugendbewegung vor und nach dem Ersten Weltkrieg.

Mit der Zeit fand ich meine keltischen, indianischen und französischen Fluchten in der Heimat wieder. Und dabei wurde deutlich, dass in diesem Altsiedelland am Rhein nicht von einer in Politik, Religion, Recht, Sprache und Kultur einheitlichen Gemeinschaft gesprochen werden konnte, wie es das Konzept der Nation im 19. Jahrhundert forderte, sondern von einer konsensual immer neu abzustimmenden Mischkultur, wie sie bspw. von LUCIEN FEBVRE in seinem Rheinbuch beschrieben wurde:

> Die Länder am Rhein: Das sind vor allem Länder, die zwischen zwei Welten liegen und ständig ihr politisches oder geistiges Lotharingien dazwischenschieben [...]. Nicht um Grenzlinien geht es hier, sondern um Grenzgebiete [...]. Zwischen ihnen gibt es Verbindungslinien [...], feste und dauerhafte Straßen, über die sich beide Seiten durchmischt haben: Gallien, bzw. später Frankreich mit seinen atlantischen und mediterranen Einflüssen – und Germanien, bzw. später Deutschland, das noch lange Zeit den Duft der Wälder atmete und weitertrug [...]. Der Rhein schafft zwischen den Städten eine direkte und sichtbare, wenn auch nicht immer sehr enge Solidarität. Vom Basler Knie bis zur schönen Biegung von Dordrecht [...] bildet er eine Art langgezogener Hauptstraße, auf der Flaneure und Gehetzte, Sorgenvolle und Unbekümmerte ununterbrochen mit Händlern und Militärs, mit Reisenden und Studenten – also der bunten Mischung der Rhein-Konsumenten – in Verbindung treten.
> ⟨FEBVRE / SCHÖTTLER 1994, 30, 31, 97, 98⟩

Über die »Herrschaftsorganisation nach konsensualem Muster« in der Rhein-Main-Neckar-Region der Stauferzeit schreibt GEROLD BÖNNEN:

> Das wesentliche Exerzierfeld gesellschaftlicher und verfassungsrechtlicher Dynamik am stauferzeitlichen Mittelrhein sind die Bischofsstädte, nicht zuletzt Leistungsträger für das Königtum in politischer und materieller Hinsicht. In ihnen vollziehen sich tiefgreifende [...] Wandlungen der Herrschafts- und Rechtsverhältnisse. Diese können am treffendsten mit dem Modell einer »Zustimmungsgemeinschaft« von König, bischöflichen Stadtherren, religiösen Institutionen und seit etwa 1100 stetig selbstbewusster hervortretenden Stadtbürgern, bzw. städtischen Führungsgruppen umschrieben werden. ⟨BÖNNEN 2010, 100⟩

Betrachtet man nicht nur die Städte, sondern auch die Territorien wie die Kurpfalz und die Situation der Ortsherrschaft in den Dörfern, so ergibt sich die Sicht auf ein noch komplexeres Netzwerk von nach Größe und Rechtsstatus ganz verschiedenen Mitspielern, deren Verhältnis zueinander in dieser Region immer neu austariert werden musste. Neben dem Element interkultureller Begegnungen kam nach der Reformation noch die Notwendigkeit zur Regelung der konfessionellen Diversität hinzu.

Mit Blick auf das Tagungsthema interessiert mich allerdings v. a. die Rezeptionsgeschichte der Attribute ›deutsch‹ und ›germanisch‹, die beide seit dem Humanismus mit dem Begriff Freiheit in Verbindung gebracht wurden. Der Begriff ›deutsche Freiheit‹, der bis ins 20. Jahrhundert sowohl als Muster für ein förderal-republikanisches deutsches Gesellschaftsmodell politisch genutzt wurde als auch für chauvinistische Abgrenzungen gegenüber Frankreich, bezog sich im alten Reich zunächst als »ständische Libertät« auf Freiheiten der Reichsstände gegenüber der Zentralgewalt und dehnte sich schrittweise auf die Einforderung bürgerlicher Rechte aus.

In Deutschland nahm im 18. Jahrhundert Justus Möser in gewisser Weise eine Vermittlerrolle zwischen historischer Tradition und politischer Konzeption ein und verband damit emanzipatorische Vorstellungen. Sein Streben richtete sich auf die Wiederherstellung eines selbstbewußten, genossenschaftlich organisierten Bürger- und Bauernstandes, der über Eigentum und Eigenverantwortung verfügte und dessen »gemeine bürgerliche Ehre« und »gemeine Freiheit« zur Triebkraft für den neuen bürgerlichen Staat werden sollte. 〈SCHULZ 1992, 280〉

Man bezog sich dabei auf die Kommunebewegung der Städte im 11. bis 13. Jahrhundert, u. a. im Rheinischen Städtebund, aber auch auf die Eidgenossenschaft.

Von 1300 bis 1500 erlebte die Freiheit im Süden des Reiches eine stürmische Ausbreitung. Von Orten und Regionen wie Gersau am Vierwaldstättersee und der freien Eidgenossenschaft ging eine verführerische Faszination aus [...]. Vom Elsass bis ins Salzburgische herrschte im Spätmittelalter geradezu eine Coniuratiophilie, eine überschwengliche Bewunderung der Eidgenossenschaft und ihrer Freiheit. Die Freiheit »nach Schweizer Art« würden sich die Untertanen erkämpfen, fürchteten die Herren, »Schweizer werden« gehörte zu den geflügelten Worten am Vorabend der Reformation. 〈BLICKLE 2006, 300/301〉

Als der französische Aufklärer Montesquieu im Jahre 1728 Deutschland bereist, galt sein größtes Interesse der komplexen politischen Organisationsform des Reiches. Deutschland ist, anders als Frankreich, nicht zentralistisch organisiert, sondern verfügt über eine Verfassungsstruktur, die den einzelnen Ländern, Territorien und Freien Städten, aus denen es besteht, große Freiheiten lässt. (OVERHOFF 2011).

Das Wort ›deutsch‹ hat sich aus dem mittelalteinischen Wort *theodiscus* des 8. Jahrhunderts entwickelt und bezeichnet die Volkssprache, neben dem Altfränkischen auch das Alemannische, Bairische, Thüringische und Sächsische, alles westgermanische Mundarten. Erstmals im *Annolied* des Jahres 1090 wird dann neben *diutschin sprecchin* auch von *diutschi man* und *diutsche lant* gesprochen. Mit dem Mittelhochdeutschen entsteht im 12. Jahrhundert eine verbreitete Literatursprache. Die Nutzung der deutschen Sprache als Sprache des Volkes ist seitdem ein Kennzeichen des Vermittlungswillens an jedermann. Dass diese Hinwendung zum Volk von Anfang an ambivalent verstanden und genutzt werden konnte, zeigen sowohl die deutschsprachigen Passionsspiele des Mittelalters als auch viele Texte der Reformation, die auch Elemente der Abgrenzung formulieren, antijüdisch, antitürkisch, antirömisch, später auch antifranzösisch. Der Volksbegriff kann demnach sowohl republikanisch als auch völkisch interpretiert werden.

Die Aufklärung setzt auf die republikanische Deutung, sowohl in Deutschland als auch in Frankreich. So stellt

Montesquieu in seiner Abhandlung »De l'Esprit des lois« (1748) [...] das germanische Prinzip der Volksrechte [...] dem »römisch-romanischen« Prinzip der absoluten Monarchie entgegen. (WEILAND 1986, 221)

Bezug genommen wird dabei nicht nur auf die »ständische Libertät« des alten Reiches, sondern auch auf das aus dem germanischen Volksthing, der Versammlung freier Männer, entstandene mittelalterliche Wahlkönigtum. Die Überlieferung zu den Germanen der Antike war weitgehend vergessen, bis die 98 n. Chr. verfasste *Germania* des Tacitus im 15. Jahrhundert wiederentdeckt wurde. Die deutschen Humanisten leiteten daraus deutsche Identitätsentwürfe ab und verbanden damit die Begriffe deutscher und germanischer Freiheit. Tacitus lehnte die Monarchie seiner Zeit, insbesondere in Kaiser Tiberius verkörpert, als dekadent ab und stellte ihr die römische Republik als positiv gegenüber. Als Gegenbild zu Tiberius sah er den Feldherrn Germanicus, ein Großneffe des Augustus, der gegen die Germanen Krieg führte. Vor allem die Freiheit der Germanen sah Tacitus positiv und nutzte dabei die Ambivalenz des Barbarenbegriffs von schrecklichem und edlem Wilden. Dabei war es sicher nützlich, dass das lateinische Wort *germanus* u. a. ›verschwistert‹ bedeutete und auf den Wortstamm *germen* (›Keim, Spross, Zweig, Stamm, Geschlecht‹) zurückging. Damit war die Verbindung von republikanischer Freiheit mit Stammesstruktur und geschwisterlicher Genossenschaft angesprochen. Beide Konnotationen wurden über die Jahrhunderte immer wieder neu belebt.

An dieser Stelle überschneiden sich die Narrative dieser Rezeption mit denen der Ethnologie der Aufklärung. Kurz gesagt, werden Germanen und Irokesen zu geistigen Verwandten. 1727, ein Jahr vor der Deutschlandreise Montesquieus, erschien in London Cadwallader Coldens Buch *The History of the Five Indian Nations of Canada*. Ähnlich wie sein französischer Kollege Lafitau drei Jahre zuvor ist er der Meinung, die Indianer seien ein lebendes Abbild der eigenen Vorfahren:

The present state of the Indian Nation exactly shows the most Ancient and Original Condition of almost every Nation; so, I believe, that here we may with more certainty see the original form of all government, than in the most curious Speculations of the Learned. ⟨zit. PETERMANN 2004, 186⟩

WERNER PETERMANN resümiert:

Für Europäer, die monarchische, ja absolutistische Verhältnisse gewohnt waren, verwandelten sich die in ihren Augen egalitären soziopolitischen Strukturen vieler Indianergruppen in eine quasi utopische Alternative [...]. Das Modell ist auf lange Sicht erfolgreich, weil der idealisierte Indianer [...] als Galeonsfigur einer neuen (und bald revolutionären) politischen Anthropologie [...] in Dienst genommen wird [...]. Der indianische Wilde ist »frei und glücklich«, besitzt »gesunden Menschenverstand« und ist, was auf die französischen Denker besonderen Eindruck machte, ein Gleicher unter Gleichen. ⟨PETERMANN 2004, 173⟩

THOMAS WAGNER verweist darauf, dass sich hier Fantasie und Erfahrung mischten:

Obgleich sich die zeitgenössischen Indianerbilder vor allem als Antwort auf die Bedürfnisse revolutionärer Selbstdarstellung herausbildeten, waren sie dennoch nicht bloße Erfindungen einer rebellierenden Phantasie. Denn sie konnten an Primärerfahrungen der Kolonisten mit ihren indianischen Nachbarn anknüpfen. Dort begegnete ihnen jener Freiheitsgeist, den sie während der Zeit der Unabhängigkeitsbewegung als republikanische Tugend für sich selbst in Anspruch nahmen und explizit mit ihrem Indianerbild verbanden. (WAGNER 2004, 317)

Vor allem die radikalen Demokraten Amerikas hielten an dieser Sicht der Dinge fest und über sie erreichten diese dann auch die europäische Debatte nach der Niederlage der Demokraten im Jahr 1849. Das Schlüsselwerk dabei war das 1877 erschienene Hauptwerk *Ancient Society* (dt. 1891 als *Die Urgesellschaft*) des amerikanischen Ethnologen LEWIS HENRY MORGAN (1818–1881). MORGAN hatte bei den Irokesen nicht nur Feldforschungen betrieben, sondern hatte sich auch politisch für die indigenen Völker eingesetzt. So unterstützte er die Seneca juristisch in ihrem Kampf um Landrechte und wurde dafür von ihnen in den Stamm aufgenommen. MORGANS Evolutionstheorie ging von einer Stufe der Wildheit im Urkommunismus (Jäger und Sammler) über eine agrarisch-nomadische Stufe der Barbarei bis zur durch Schrift und Geschichtsschreibung gekennzeichneten Stufe der Zivilisation aus. Mit Blick auf die Irokesen als Beispiel für eine noch erhaltene Ur- und Stammesgesellschaft sah er diese Stufe neben dem Gemeineigentum gekennzeichnet durch matrilineare Strukturen. Dadurch wurden seine Konzepte nicht nur zur Grundlage marxistischer Theorie (ENGELS 1884), sondern auch der Frauenbewegung. Diese Gedankenkette zeigte noch 1920 Wirkung, als der *Hiawatha* als Modetanz bis in die deutsche Provinz (Tanzkarte aus Alzey) verbreitet wurde. Der Name des Tanzes geht auf den legendären Begründer der irokesischen Föderation zurück, dem der amerikanische Dichter Longfellow 1855 in einem Langgedicht ein Denkmal setzte. Sein Epos wurde zwei Jahre später vom Achtundvierziger Freiligrath nicht ohne politische Absicht ins Deutsche übersetzt.

Wichtig erscheint mir, dass offenbar eine ungebrochene, wenn auch be- und verdrängte Linie von der deutschen Aufklärung im Sturm und Drang über Vormärz und Romantik und die Arbeiterbewegung bis in die Weimarer Republik besteht, in der die republikanische Utopie Deutschlands in Bezug zu germanischen, indianischen und französischen Narrativen gesetzt wird. Eine Schlüsselfigur ist dabei JOHANN GOTTFRIED HERDER, nicht nur wegen seines Bildes von der indianischen Friedensfrau im 118. der *Briefe zur Beförderung der Humanität* (1793-1797), sondern vor allem wegen seiner Evolutionstheorie, in der er Universalien und kulturelle Differenzen in Bezug setzt und dadurch diesen Spannungszustand zum Bewegungselement fortschreitender Entwicklung macht:

> Sind in der Natur keine zwei Blätter eines Baumes einander gleich, so sinds noch weniger zwei Menschengesichte und zwei menschliche Organisationen. Welcher unendlichen Verschiedenheit ist unser kunstreicher Bau fähig! [...]. Da indessen der menschliche Verstand in aller Vielartigkeit Einheit sucht und der göttliche Verstand, sein Vorbild, mit dem zahllosesten Mancherlei auf der Erde überall Einheit vermählt hat, so dürfen wir auch hier aus dem ungeheuren Reich der Veränderungen auf den einfachen Satz zurückkehren: nur ein und dieselbe Gattung ist das Menschengeschlecht auf der Erde. ⟨HERDER 1995, 177/178⟩

HERDER ist damit ein moderner Denker, die Spannungssetzungen sind eine Stärke seines Denkens.

> [Er] bleibt nicht dabei stehen, die Relativität aller Werte zu erklären. Er macht sich auf die Suche nach dem gemeinsamen Charakter des Menschengeschlechts, auf dessen Grundlage die gleichberechtigte Vielfalt verstanden werden kann, ohne dass die Möglichkeit interkulturellen Verstehens und Urteilens aufgegeben wird. ⟨LÖCHTE 2005, 219⟩

In der Rezeption HERDERS ist leider allzuoft nur eine Seite seines Denkens, der Universalismus oder der Relativismus ins Auge gefasst und dann entweder bestärkt oder kritisiert worden. Diese Vereinfachungen sind aber das eigentliche Problem, indem sie die Widersprüche nicht bearbeiten. In seiner philosophischen Hermeneutik hat Hans-Georg Gadamer das Verstehen als einen Prozess beschrieben, bei dem aus Vorwissen durch Begriffsarbeit der Person an Situationen neues Wissen durch Einsicht entsteht. Verstehen sei damit »immer der Vorgang der Verschmelzung vermeintlich für sich seiender Horizonte« ⟨LÖCHTE 2005, 311⟩. Insofern ist die Setzung von Spannungen notwendig für das Verstehen. Einheit und Verschiedenheit, Ganzes und Einzelnes sind notwendige polare Begriffe eines auf Verstehen gerichteten Denkens. Arbeit und Spiel sind die geeigneten Methoden von Wissenschaft und Kunst zur jeweils gegenwärtigen Spannungslösung. Man könnte ergänzen, dass Gewalt dagegen immer ein missglückter Versuch ist, Spannungen zu lösen. Deswegen wird sie in Religionen und Kulturen auch immer wieder mit einem Tabu belegt. Die historische Erfahrung zeigt, dass ihrer leidvollen Geschichte stets notwendig ein Verstehensprozess und eine Bekräftigung des Tabus folgt. Religiöses Denkens kreist um diese Grundfrage. Insofern ist HERDERS Orientierung an einem göttlichen Vor-Bild durchaus aktuell, selbst da, wo es säkularisiert gesetzt wird. Politischer Missbrauch von Religion in Formen von Fundamentalismus jeglicher Provenienz beruht demgegenüber immer auf dem Aufgeben von Verstehensarbeit durch formale Wiederholung des Kultus und aggressive Steigerung seiner Regeln und Texte.

Zurück zur republikanisch-föderalen Tradition deutscher und germanischer Freiheit: Nach der Niederlage der Demokraten 1849 wurde dieser Deutungshorizont ins Exil, in den Kompromiss und in den Untergrund gedrängt, verschwand aber nie ganz, wie man z. B. am Irokesenennarrativ als Teil eines demokratisch verorteten Amerikanismus sehen kann. Ein anderes Beispiel dafür wäre die an Kropotkin angelehnte anti-sozialdarwinistische Kulturgeschichte des in Mainz geborenen Anarchosyndikalisten Rudolf Rocker, die 1936 unter dem Titel *Nationalism and Culture* in New York erschien und der 1949 mit *Pioneers of American Freedom* eine Studie über amerikanische Radikaldemokraten und Anarchisten wie Ralph Waldo Emerson und Henry D. Thoreau oder Benjamin R. Tucker folgte. Die mangelnde Präsenz des republikanisch-föderalen Denkens im nationalistischen Kompromiss von Adel und Bürgertum des wilhelminischen Staats förderte dagegen die Dominanz eines mechanistisch-biologistischen Denkens, das als geistiger Nährboden des Nationalsozialismus gesehen werden kann. In einer politischen Gegenbewegung zur Beherrschung des wissenschaftlichen und öffentlichen Diskurses setze sich in der erstarkenden Arbeiterbewegung – sozusagen als Negativ der Macht – andererseits der autoritäre Zentralismus des Marxismus-Leninismus mit all seinen totalitären Konsequenzen und Gewaltexzessen durch.

Der Historiker CHRISTIAN JANSEN hat – sozusagen kontrafaktisch – festgestellt:

Die Paulskirche wäre vermutlich besser beraten und erfolgreicher gewesen, wenn sie ihre Verfassungsgebungskompetenzen und auch die deutsche Einigung zunächst auf das Dritte Deutschland, also die ethnisch homogenen Mittel- und Kleinstaaten Süd-, West- und Mitteldeutschlands sowie Bayern und Sachsen beschränkt hätte, die infolge der napoleonischen Besatzung und ihrer

Lage in Europa stärker verwestlicht und die anders als die beiden Großmächte bereits vor 1848 konstitutionelle Monarchien geworden waren. ⟨JANSEN 2011, 22⟩

Er beschreibt damit einen Raum mit Diversitätserfahrung, der allerdings – zumindest am Rhein – nicht ethnisch homogen, sondern kulturell vielfach besiedelt und durchmischt, multikonfessionell und konsensual orientiert war und ist. Das dritte Deutschland ist damit der Begriff eines Zwischenraums und einer Methode, kein restaurativer Machtbegriff wie der des »Dritten Reiches«.

Die aktuelle Debatte um Tabubrecher und Political Correctness ⟨VON LUCKE 2012, 301ff., WILLEKE 2014, 45⟩ zeigt die Bedeutung von Begriffen und Narrativen und ihren Deutungshorizonten für die Gesellschaft. LUCKE:

Die aufgeregte Reaktion, der empörte Antipopulismus konstruieren jedoch erst jene Öffentlichkeit, die der Provokateur benötigt, um sich als Opfer der herrschenden politischen Klasse darzustellen. Der neue Rechtspopulismus geriert sich ja gerade als Form der Systemopposition gegen die angeblich linksliberale Kulturhegemonie, die in der herrschenden political correctness ihren Ausdruck gefunden haben soll [...]. Auf die Dosierung kommt es an. ⟨LUCKE 2012, 313, 316⟩

Die Vorgehensweise des *Zeit*-Autors WILLEKE scheint mir in diesem Zusammenhang ein Teil richtiger Strategie. Er nahm Kontakt mit Kritikern seines Verrisses des Bestsellers *Deutschland von Sinnen* von AKIF PIRINÇCI in der vorherigen Ausgabe der *Zeit* auf und dadurch begannen sich deren Narrative in ganz unterschiedlicher Weise aufzuklären, vom Allgemeinen ins Besondere, vom Behaupteten ins Empfundene. Da wurde z. B. von einem Kritiker in den ursprünglichen *Zeit*-Artikel ein Angriff gegen Hausfrauen und den traditonellen Familienbegriff hineingelesen, von dem im Text gar nichts zu finden ist. Es gab Erfahrungsberichte von der Aggressivität, die von Gruppen junger Männer mit türkischem und arabischem Migrationshintergrund in einer Großstadt ausstrahlte, aber auch die Schilderung von Fremdheitsgefühlen beim Besuch heute überwiegend von Migranten bewohnten Stadtvierteln, in denen man früher einmal gewohnt hatte oder aufgewachsen war. Wichtig ist also eine Reduzierung der Verallgemeinerungen und eine Konkretisierung der narrativen Argumente, die zum Teil aus persönlichen Erfahrungen kommen, welche sich nach Meinung der Betroffenen ungenügend im öffentlichen Diskurs widerspiegeln, zum Teil aber auch aus Angstgefühlen stammen oder aber aus modernen Wandersagen, Legenden der Argumentation, die in Gesprächen zur Bestätigung der eigenen Meinung weitererzählt werden. Es geht also um Dialog, um das Zulassen von Erzählung und aktivem Zuhören, das auch in Nachfragen und anderen Stellungnahmen und Erzählungen mündet, Gegenseitigkeit aufbaut, letztlich um ein vertrauensvolles soziales Milieu im Nahbereich. Es ist meine langjährige Erfahrung in der Gedenkstättenarbeit, dass es dort in erster Linie um eine offene Gesprächsatmosphäre geht, in der auch »Vorurteile«, also Vorwissen im Gadamer'schen Sinne, geäußert werden können, im Gespräch dann aber mit Nachfragen, Informationen und Stellungnahmen Bewegung im Denken entstehen muss. Insofern sind Orte des Gesprächs, sowohl im wörtlichen Sinn bei und mit den verschiedenen Personengruppen als auch medial vonnöten. Vor allem im Mediendiskurs sind Vereinfachungen unbedingt zu vermeiden. Die Rolle des Witzes als abweichendes und befreiendes Verhalten sollte im Übrigen stärker berücksichtigt werden, vor allem dann, wenn er als Humor, also auch selbstkritisch daherkommt.

Während der Beschäftigung mit dem Tagungsthema ist mir zudem aufgefallen, dass er sehr wenige Untersuchungen zu Positionen der Mehrheitsgesellschaft gibt, und wenn, dann wird deren Position gegenüber Minderheiten untersucht. Mir scheint, hier werden zentrale, über lange Zeiträume angereicherte Narrative zu wenig ins Auge gefasst. Dadurch können sie nicht nur von rechts besetzt werden, ihnen wird darüber hinaus eine Gestrigkeit zugeordnet, die dazu verführt, sie trotz gesellschaftlicher Weiterentwicklung in der Realität auch an Narrative von gestern zu binden, allerdings ohne dass eine historische Aufarbeitung und Neudeutung vorgenommen werden würde. In der Debatte entstehen eindimensionale Reiz-Reaktions-Schemata, die Empörung und Trotz Masken aufsetzen statt den tatsächlichen Motiven der Beteiligten nachzugehen. Wenn man die Debatten der vergangenen Jahre daraufhin betrachtet, schälen sich neben den Narrativen deutscher Identität die der Familie, der Mutter- und Vaterbilder, der Heterosexualität, der Männlichkeit und der christlichen Religion als solche Themen heraus. Globalisierung und Individualisierung – beides wünschenswerte Horizonterweiterungen und Freiheitsoptionen – führen in der Vielfalt ihrer Ansprüche an den Einzelnen auch zur Erschöpfung, zum Burn-out, zur Überforderung des Einzelnen und zu Gegenentwürfen und Rückzügen auf sicheres Terrain.

Verunsicherung ist kein nur individuelles Gefühl, sondern durchaus gesellschaftlich beeinflusst, ist unter anderem die mehr oder weniger starke Kehrseite von Individualisierungsprozessen mit zunehmenden Optionen. 〈BURZAN 2014, 23〉

Solche Neuorientierungen im und am Nahbereich werden auch in der Gegenüberstellung von generationsspezifischem Verhalten deutlich.

Die gesellschaftspolitische Zurückhaltung der Jüngeren, ihr Verzicht auf Rebellion und ihr Rückzug ins Familienleben und auf Traditionen ist eine naheliegende und plausible Schutzreaktion auf hochgetriebene Ansprüche an das Individuum [...] Das gesellschaftliche Netz weicht zurück – deshalb konzentrieren sich die einzelnen wieder stärker auf die Dinge, die halten: Familienbindungen zum Beispiel. Denn in Krisensituationen sind es häufig die Eltern, Geschwister, Tanten und Onkel, Großeltern, Jugendfreunde, später die eigenen Kinder, an die man sich wendet. Deren Ressourcen können in bestimmten Situationen ausschlaggebend dafür sein, ob es in Phasen der Verwundbarkeit und der existenziellen Notlage gelingt, in der Mittelschicht zu verbleiben. 〈KOPPETSCH 2014, 42/43〉

Gleichzeitig ist aber ebenso auffällig, dass bei Mittelschicht-Jugendlichen die Toleranz für individuelle Abweichung zunimmt, z.B. was Ästhetik oder sexuelle Orientierung, aber auch kulturelle Herkunft angeht. Die klassischen Lebenswelten werden in ihrem Geltungspotenzial erweitert.

Eine Bestimmung dieser Begriffsfelder allein aus dem, was sie nach Meinung von Minderheiten- und Gegenpositionen nicht sein sollen, ist allerdings nicht ausreichend, wenn auch hilfreich. Deren Denkanstöße sollten nicht als Marketingfeldzüge zur Meinungshegemonie inszeniert werden, umgekehrt geht es nicht um reflexionslose Abwehrinszenierungen scheinbar mehrheitlicher Besitzstände. Die wachgerüttelte Mehrheit sollte sich Zeit nehmen, ihre Position neu zu bestimmen, Dialoge mit dem Interesse am Verstehen des Anderen sollten folgen, gleich ob dieser einer Mehrheit oder einer Minderheit zugeordnet wird. Eine Brückenfunktion in diesen Verständigungsprozessen schafft dabei der Rechtsrahmen des Staates. Menschen- und Bürgerrechte beschreiben diesen Rahmen in der Verfassung und setzen zuallererst eine Einigung auf das Gewalttabu im Miteinander voraus. Das bedeutet auch, dass die in der Bundesrepublik Deutschland lebenden Menschen vor Gewalttaten von wem auch immer zu schützen und die Täter zur Rechenschaft zu ziehen sind. Hier haben Universalien Vorrang vor kulturellen Prägungen, auch wenn diese natürlich politisch in Betracht zu ziehen sind, sowohl von der Mehrheits- wie von den Minderheitsgesellschaften. Wo kulturelle Prägungen eine Rolle in der Aufklärung spielen, sollten sie auch benannt werden. Durch den Fallbezug kann jederzeit deutlich gemacht werden, dass damit keine kollektive Schuldzuweisung einhergeht. Um deren nachträgliche Inszenierung zu erschweren, sollte dauerhaft eine breite Berichterstattung über alle Bevölkerungsgruppen erfolgen, auch anhand von Beispielen gelingenden Lebens. Eine Fixierung auf *bad news* und Skandale ist schädlich. Das narrative Element menschlicher Kommunikation allerdings kann nicht umgangen werden, weil es einem Grundbedürfnis menschlichen Selbstverstehens entspricht.

Die Tagung »Germanische Mythologie und Rechtsextremismus – Missbrauch einer anderen Welt« zielte aber nicht nur auf die von mir erörterte Frage von Neubestimmungen und -erzählungen von deutscher Identität und germanischen Sinnbezügen, sondern auch auf eine Darstellung des aktuellen Forschungsstandes zu germanischer Mythologie, auf die Darstellung ihres rechtsextremistischen Missbrauchs und sozialpsychologischen Überlegungen zu dessen Motivation. Darüber hinaus beschäftigten sich drei handlungsorientierte Workshops mit der Frage, wie das auf der Tagung zusammengetragene Wissen über eine Dokumentation hinaus vermittelt werden könnte, in der Schule, im digitalen Netz und in der Mittelalter- und Reenactmentszene. Erste Ergebnisse dazu finden sich bereits in diesem Band, weitere werden folgen. Man kann sich darüber auf der website www.projektosthofen-gedenkstaette.de informieren. Gewährleistet ist diese Fortführung durch die unterschiedlichen Kooperationspartner der Veranstaltung (Nibelungenliedgesellschaft, Nibelungenmuseum Worms, Stadt Worms, Landeszentrale für politische Bildung Rheinland-Pfalz, Förderverein Projekt Osthofen e. V.) und durch eine auf der Tagung vereinbarte weitere Zusammenarbeit mit den Referenten und Workshopteilnehmern.

Literatur

BLICKLE, PETER (2006): Von der Leibeigenschaft zu den Menschenrechten – Eine Geschichte der Freiheit in Deutschland, 2. Auflage, München: C. H. Beck.

BÖNNEN, GEROLD (2010): Rhein-Main-Neckar-Region: Herrschaftsorganisation nach konsensualem Muster, in: SCHNEIDMÜLLER, BERND / WEINFURTER, STEFAN / WIECZOREK, ALFRIED: Verwandlungen des Stauferreichs, Darmstadt: Wissenschaftliche Buchgesellschaft.

BURZAN, NICOLE (2014): Gefühlte Verunsicherung in der Mitte der Gesellschaft. In: Aus Politik und Zeitgeschichte 49.

ENGELS, FRIEDRICH (1884): Der Ursprung der Familie, des Privateigenthums und des Staates: im Anschluß an Lewis H. Morgan's Forschungen. Stuttgart: Dietz.

FEBVRE, LUCIEN / SCHÖTTLER, PETER (Hrsg., Übers.) (1994): Der Rhein und seine Geschichte. Frankfurt / New York: Campus.

HERDER, JOHANN GOTTFRIED (1995): Ideen zur Philosophie der Geschichte der Menschheit, Bodenheim: Syndikat.

JANSEN, CHRISTIAN (2011): Gründerzeit und Nationsbildung 1849–1871. Paderborn: Schöningh.

KOPPETSCH, CORNELIA (2014): Die Wiederkehr der Konformität? In: Aus Politik und Zeitgeschichte 49.

KOSELLECK, REINHART (2010). Diesseits des Nationalstaates. Förderale Strukturen der deutschen Geschichte. In: Begriffsgeschichten. Frankfurt: Suhrkamp.

LÖCHTE, ANNE (2005): Johann Gottfried Herder: Kulturtheorie und Humanitätsidee der »Ideen«, »Humanitätsbriefe« und »Adrastea«. Würzburg: Königshausen und Neumann.

NICKEL, GUNTHER / WEISS, ULRIKE (1996): Carl Zuckmayer 1896–1977. »Ich wollte nur Theater machen«. Ausstellungskatalog. Marbach: Deutsche Schillergesellschaft.

OVERHOFF, JÜRGEN (2011): Montesquieus große Deutschlandreise. Die Zeit 1/2011, 19. Januar.

PETERMANN, WERNER (2004): Die Geschichte der Ethnologie. Wuppertal: Hamme r Verlag.

SCHULZ, KNUT (1992): »Denn sie liebten die Freiheit so sehr ....« – Kommunale Aufstände und Entstehung des europäischen Bürgertums im Hochmittelalter. Darmstadt: Wissenschaftliche Buchgesellschaft.

VON LUCKE, ALBRECHT (2012): Populismus schwer gemacht. Die Dialektik des Tabubruchs und wie ihr zu begegnen wäre. In: HEITMEYER, WILHELM: Deutsche Zustände. Folge 10. Berlin: Suhrkamp.

WAGNER, THOMAS (2004): Irokesen und Demokratie – Ein Beitrag zur Soziologie interkultureller Kommunikation. Münster: LIT Verlag.

WEILAND, WERNER (1986): Die »Deutsche Freiheit« in der bürgerlichen und proletarischen Emanzipationsgeschichte. In: FABER, RICHARD / SCHLESIER, RENATE: Die Restauration der Götter – Antike Religion und Neo-Paganismus. Würzburg: Königshausen und Neumann.

WILLEKE, STEFAN (2014): Wir Dummschwätzer?, Die Zeit, 24. April 2014.

GEORG SCHUPPENER

Rechtsextreme Aneignung und Instrumentalisierung germanischer Mythologie

Hintergrund

Von den Mythen germanischer Stämme ist nur wenig überliefert. Der Großteil der heutigen Kenntnisse beruht auf der nordgermanischen Überlieferung, insbesondere in der Edda, aber auch in der sogenannten Skalden-Dichtung. In welchem Maße diese Quellen verlässliche Aufschlüsse über die mythischen Vorstellungen der Germanen bieten, ist umstritten.[1] In jedem Falle muss man feststellen, dass sie aus christlicher Zeit stammen, keine Tatsachenberichte, sondern literarischer Natur sind und zudem lediglich einen Teilbereich der Germania abdecken. Dessen ungeachtet werden heute landläufig die Inhalte dieser Überlieferung verallgemeinernd als germanische Mythologie verstanden.

In diesem Sinne sind die Zugriffe des aktuellen Rechtsextremismus auf die betreffenden Mythen zu sehen. Auch hier wird durchweg von germanischer Mythologie gesprochen, die überdies als Ausweis germanischer Kultur gesehen wird.

Dass die rechtsextreme Szene sich auf die Mythologie beruft, spielt seit Jahrzehnten in der Auseinandersetzung mit dem Phänomen Rechtsextremismus jedoch nur eine untergeordnete Rolle. Die Instrumentalisierung des Themas im rechtsextremen Kontext wird zwar bisweilen konstatiert, über die Ursachen und Ziele dieser Verwendung hingegen meist nicht reflektiert.[2] Im Fokus steht vielmehr die

---

1. Vgl. z. B. SIMEK 2003, 264f. Zu anderen Quellen zur Thematik vgl. den ausführlichen Beitrag von SIMEK im vorliegenden Band.
2. Vgl. z. B. www.dasversteckspiel.de (Zugriff 6. März 2014).

Beschäftigung mit den expliziten politischen Äußerungen und Zielen rechtsextremer Gruppen. Dass allerdings ein enger Konnex zwischen politischem Programm und dem Zugriff auf die Mythologie besteht, findet kaum Beachtung.

Im Folgenden soll dargestellt werden, in welchen Bereichen und Formen germanisch-nordische Mythologie im Rechtsextremismus adaptiert wird und aus welchen Motiven und zu welchen Zwecken dies geschieht.

Befunde

Betrachtet man rechtsextreme Publikationen, Musik oder auch Internetseiten, so zeigt sich eine relativ klare Befundlage, die hier aus pragmatischen Gründen zwar nicht mit der unüberschaubaren Vielzahl an verschiedenen Formen, aber doch mit geeigneten Beispielen umfassend mit ihren Charakteristika und Spezifika wiedergegeben werden kann. Die folgenden Belege sind also nicht allein exemplarisch, sondern vor allem typisch für rechtsextremen Zugriff auf die germanisch-nordische Mythologie.

Blickt man zunächst auf das in der nordischen Überlieferung bezeugte Götter-Pantheon, so ist die Rezeption und Adaption im Rechtsextremismus auf wenige Gottheiten fokussiert. Vornehmlich sind es Odin/Wodan bzw. Thor/Donar, die sich besonderer Beliebtheit erfreuen: Für Odin/Wodan, den Hauptgott, finden sich u. a. Band- oder Gruppennamen wie *W. O. T. A. N.*, *Wotans Volk*, *Odins Volk* oder Benennungen von Lokalen als *Wotan* (vgl. SCHUPPENER 2010, 27). Besonders variantenreich sind Pseudonyme (sog. Nicknames) in einschlägigen Internetforen wie *Krieger Odins*, *Odin77*, *ODIN*, *Vril Odin*,[3] *GottVater-Odin*, *Wotan*, *Bolverkr*,[4] *Wotan88*, *Odins Weib*, *odins tochter*, *Odins Berserker*, *Odins sleipnir*, *Odins Raben*, *Odins-Rabe* (vgl. SCHUPPENER 2011, 47f.). Zur Explizierung von Glaubensüberzeugungen dienen offenkun-

---

3. Mit *Vril* wird auf die Vril-Gesellschaft referiert, eine esoterisch-ufologische Gruppe, die sich mit angeblichen Flugscheiben beschäftigt, einem im rechtsextremen Bereich durchaus beliebten Thema.

4. Dies ist wohl *Bölverkr*, ein Beiname Odins nach Hávamál mit der Bedeutung ›Übeltäter‹.

dig Aufschriften auf T-Shirts oder auf Aufklebern mit Texten wie »Odins Law« oder »Odin statt Jesus«.[5]

Mindestens genauso zahlreich sind auch die Bezugnahmen auf Donar/Thor. Die Modemarke *Thor Steinar* gehört zu den bekanntesten der rechtsextremen Szene, dementsprechend ist auch der betreffende Schriftzug auf T-Shirts und anderer Oberbekleidung in diesem Milieu präsent. In Bandnamen wird der Name der Gottheit gerne genutzt, so z. B. bei *T. H. O. R.*, *Legion of Thor* oder auch *Thorshammer* ⟨vgl. SCHUPPENER 2010, 29f.⟩. Pseudonyme in rechtsextremen Internet-Foren referieren ebenfalls häufig auf diese Gottheit: *Der Donnerer,*[6] *ThorS, Thorson, Son of Thor* ⟨vgl. SCHUPPENER 2011, 47f.⟩, *ThorsRache*[7] etc.

Andere Gottheiten aus der germanisch-nordischen Mythologie werden hingegen weit seltener aufgegriffen, meist in Einzelbelegen. Dennoch sind auch deren Namen zu beobachten, speziell als theophore Pseudonyme im Internet. Hierzu zählen bspw.: *Baldur,*[8] *Balder; freya Thüringen, xXFrijaXx, Frea, Freyja88; Forseti; Gefjon; heimdallr* ⟨vgl. SCHUPPENER 2011, 47f.⟩; *Magne;*[9] *Nanna; Tiwaz, Ziu, Tyr, Tyr88* ⟨vgl. SCHUPPENER 2011, 47f., 2010, 30f.⟩.

Neben der Nennung der Namen sind auch bildliche Darstellungen der Götter beliebt, vor allem pathetisch-romantisierende aus dem 19. und frühen 20. Jahrhundert. Zur Identifizierung werden die Bilder meist mit dem Götternamen versehen.

Bezüge zu den germanischen Göttern werden in rechtsextremen Kreisen aber auch hergestellt, indem man sich auf Attribute der Götter, die Gesamtheit der Götter oder auf mythische Orte bzw. Gegenstände beruft. An den oben angeführten Beispielen ist dies bereits erkennbar, wenn auf Odins Pferd Sleipnir, auf seine Raben Hugin(n) und Munin(n) oder auf den Hammer Thors referiert wird. Während in den genannten Fällen immer noch der explizite Bezug zur Gottheit aus den Namen erkennbar ist, kommt es auch häufig vor, dass allein die Namen der betreffenden Attribute genannt werden, wie bspw. bei *Mjölnir* (Thors-

---

5. Vgl. www.dasversteckspiel.de.
6. Dieser Name kann als metonymisch für Thor angesehen werden.
7. www.nationale-revolution.net (Zugriff: 3. Februar 2014).
8. Ebd. (Zugriff: 3. Februar 2014).
9. Ebd. (Zugriff: 3. Februar 2014).

hammer) als Bandname oder bei den Nicknames *munin78, Hugin1499*.¹⁰ Auch die Attribute der Götter werden bildlich im rechtsextremen Kontext eingebettet. Dies gilt, wenn bspw. der Thorshammer auf einem CD-Cover prangt oder zwei Raben den Kopf der Internet-Seite eines rechtsextremen Versandes zieren.¹¹

Die rechtsextreme Vereinnahmung beschränkt sich nicht auf die Götter und ihre Attribute, sondern auch andere Figuren und Elemente aus der Mythologie werden genutzt. Dazu gehören bspw. die Walküren, die nach der germanisch-nordischen mythologischen Überlieferung die tapferen, auf dem Schlachtfeld gefallenen Kämpfer auswählen, nach Walhall führen und sie dort auf einen neuen Einsatz vorbereiten. Dementsprechend finden sich Aufdrucke wie *Walküre* auf T-Shirts und anderer Frauenbekleidung, speziell ausgerichtet auf die rechtsextreme Szene,¹² oder auch Pseudonyme im Internet, die bspw. *Walküre, Walküre 28*,¹³ *Valkyrja, Totenwählerin*¹⁴ oder auch *Hjoerthrimul*¹⁵ lauten. Weiterhin sind es die von den Walküren auserwählten Kämpfer selbst, die als *Einherier* bezeichnet werden und die ebenfalls als namengebendes Vorbild für Diskutanten auf rechtsextremen Internetplattformen dienen, wie bspw. im Falle des Pseudonyms *Einherjer Hetzer* (vgl. SCHUPPENER 2011, 48).

Das Repertoire von aus der Mythologie übernommenen Namen reicht jedoch weit darüber hinaus, so sind unter den empirisch erhobenen Pseudonymen u. a. die Riesen-Namen *Utgard-Loki, Brimir*,¹⁶ der Name der Norne *Skuld*, der Name des Dieners und Boten Freyrs Skirnir in der Form *Skyrnis*, die Herrin des Totenreiches im Nickname *Gesandte der Hel*¹⁷ vertreten (vgl. SCHUPPENER 2011, 48). Auch Ortsnamen aus

---

10. Ebd. (Zugriff: 3. Februar 2014).
11. Vgl. www.asgardversand.net (Zugriff: 31. Oktober 2012).
12. Etwa bei www.odin-versand.de (Zugriff: 14. März 2014).
13. Dabei steht *28* als Zahlencode für die Anfangsbuchstaben des rechtsextremen Netzwerkes *Blood & Honour*.
14. Dies ist als Explizierung der Funktion der Walküren zu sehen.
15. Hierbei handelt es sich um den Namen einer Walküre. Dabei ist bemerkenswert, dass das Pseudonym von einem männlichen Mitglied des Forums gewählt wurde.
16. Der Name ist doppeldeutig: *Brimir* kann sowohl ein Schwert als auch einen Riesen bezeichnen.
17. Singular: weibliche Nutzerin.

der Mythologie werden als Material für die Selbstbezeichnung verwendet, so im Falle des Pseudonyms *Lord of Walhalla*,[18] beim Bandnamen *Asgard* oder bei der Gruppenbezeichnung *Asgards Helden* ⟨vgl. FAHR 2004, 132⟩.

Besonderer Beliebtheit erfreuen sich ferner die *Ragnarök*, der Endkampf zwischen Göttern und Einheriern auf der einen Seite und den Weltfeinden auf der anderen Seite. Die Benennung von einschlägigen Geschäften mit dem Namen *Ragnarök* oder auch Pseudonyme wie *ragnarok tyskland*[19] oder *Ragnaroek* zeugen davon ⟨vgl. SCHUPPENER 2011, 48⟩.

Die germanischen Schrift- und Zauberzeichen, die sogenannten Runen, werden nicht nur in vielfältiger Form und Weise in rechtsextremen Kontexten abgebildet, sondern auch Nutzernamen in rechtsextremen Foren referieren auf diese: *Runa*,[20] *Rune, nordruna, Runenweber, RunenKrieger, Runenleser, Runa Wolfstochter* sowie die Runennamen *Eihwaz, Algiz, Sigrun, Siegrune* sind hier belegbar ⟨vgl. SCHUPPENER 2011, 49⟩. Besondere Erwähnung verdient im Zusammenhang mit der rechtsextremen Aneignung der Runen die sogenannte »Schwarze Sonne«, die zu einem Erkennungssymbol der rechtsextremen Szene geworden ist. Dabei handelt es sich um einen Kreis, von dessen Mittelpunkt sternförmig zwölf Sigrunen ausgehen. Der Ursprung dieses Zeichens liegt jedoch nicht in der germanisch-nordischen Tradition, sondern die Schwarze Sonne wurde wohl erstmals im sogenannten Obergruppensaal der NS-Schulungsstätte Wewelsburg als Fußbodenrelief ausgeführt ⟨vgl. SÜNNER 2003, 107⟩. Im rechtsextremen Kontext findet sich das Symbol heute allerorten.

Schließlich sei auch noch auf ein Element aus der Volksüberlieferung verwiesen, nämlich auf die Vorstellung vom Werwolf. Das Werwolf-Motiv besitzt zwar keinen direkten Bezug zur germanisch-nordischen Mythologie, passt jedoch ebenfalls in manche der Muster, die sich bei der Adaption der Mythen erkennen lassen. Dem Volksglauben zufolge handelt es sich dabei um ein Wesen, das meist Mann ist, unter bestimmten Bedingungen aber zum gefährlichen Wolf wird ⟨vgl. z. B. PETZOLDT

---

18. www.nationale-revolution.net (Zugriff: 3. Februar 2014).
19. Mit der geografischen Determinierung über *tyskland* (dän., ›Deutschland‹).
20. www.nationale-revolution.net (Zugriff: 3. Februar 2014).

1990, 181ff.). In Pseudonymen im Internet wird vielfach auf den Werwolf referiert, indem Diskutanten in einschlägigen Foren sich Namen wie *Werewolf, Wjerewulf, Wolfsmensch, Bunkerwolf, Wolfsklaue, Blutwölfin, Heidewolf, Neowulf* wählen (vgl. SCHUPPENER 2011, 49). Aufschriften auf Bekleidung wie »Werwolf Germany« oder »Wehrwolf« bezeugen dieselbe Attraktivität dieses Teils der Volksüberlieferung. Auch bildlich wird diese Bezugnahme der Rechtsextremen auf den Werwolf deutlich, so wenn bspw. die maßgeblich auf das deutsche Mode-Label Thor Steinar ausgerichtete Internet-Seite www.thor-shop.sk auf dem Seitenkopf das Schattenbild eines heulenden Wolfes abbildet.[21]

Erwähnung verdient noch die Tatsache, dass die Adaption germanisch-nordischer Mythologie keineswegs auf den deutschen bzw. deutschsprachigen Rechtsextremismus begrenzt ist. Bekannt ist, dass sich auch in Skandinavien Rechtsextremisten auf die Mythen beziehen, was wenig verwunderlich ist, wird doch die germanisch-nordische Mythologie dort generell wesentlich stärker rezipiert. Weitaus bemerkenswerter ist jedoch, dass sich ähnliche Befunde auch andernorts finden lassen, nämlich bspw. im tschechischen und slowakischen Rechtsextremismus (vgl. dazu SCHUPPENER 2014).

Bewertung

Betrachtet man die erhobenen Befunde, so stellt sich die Frage, aus welchen Gründen und zu welchem Zwecke germanisch-nordische Mythologie im Rechtsextremismus einen derartig umfassenden Widerhall findet. Es ist naheliegend, Zusammenhänge mit der rechtsextremen Ideologie herzustellen, deren Kernpunkte in einer sozialdarwinistisch geprägten Weltsicht liegen. Dabei wird an die Politik des Nationalsozialismus und dessen völkisch-rassistisches Gedankengut angeknüpft. Die Ablehnung von Demokratie, Pluralismus, allgemeinen Menschenrechten und der freiheitlich-demokratischen Grundordnung in Deutschland sind wesentliche Charakteristika des Rechtsextremismus. Überdies zählt auch die Befürwortung gewaltsamer Mittel zur

---

21. Zugriff: 6. März 2014.

Durchsetzung der eigenen ideologischen Ziele zu dessen essenziellen Merkmalen.

Vor diesem Hintergrund werden die Motive für die Aneignung germanisch-nordischer Mythologie recht schnell deutlich: Zunächst gehört die Mythologie zum tradierten Kulturgut der vermeintlichen Vorfahren der ›ethnisch reinen Deutschen‹. Damit ist sie für Rechtsextremisten per se beachtens- und verehrungswürdig. Die germanischen Götter sind dabei personifizierter Inbegriff des rassisch reinen Germanentums. Hinzu kommt, dass bereits die Nationalsozialisten die Germanen zu den Vorfahren der Deutschen erklärt hatten und – insbesondere in Kreisen der ss unter Heinrich Himmler – deren Kultur und Mythen zum Ahnenerbe[22] und Vorbild stilisierten.[23] Dieses Faktum bietet Rechtsextremisten heute willkommenen Anlass, sich über eine Beschäftigung und Identifizierung mit germanisch-nordischer Mythologie indirekt auf den Nationalsozialismus zu beziehen, ohne dabei strafrechtliche Probleme zu riskieren.

Weit wichtiger noch ist jedoch die ideologisch-selektive Ausdeutung der Mythologie im Sinne des Sozialdarwinismus. Rezipiert werden vor allem Elemente und Figuren, die mit Macht, Gewalt, Kampf, Stärke, Überlegenheit und Männlichkeit verbunden sind: die Götter Odin, Thor und Tyr, aber auch der alles zerschmetternde Thorshammer, gewaltige Riesen, die weisen Raben Odins, sein schnelles achtbeiniges Pferd Sleipnir usf. So stehen jene Namen für Überlegenheit, Auserlesenheit und die gewaltsame Durchsetzung der eigenen Interessen. Betont wird dies zudem noch dadurch, dass sich Gruppen oder Einzelpersonen martialisch-gewalttätig klingende Namen geben, die die Attribute der Gottheiten noch verstärken: *Odins Berserker*, *ThorsRache* etc.

Exklusivität ist auch in anderer Hinsicht ein wesentlicher Aspekt des rechtsextremen Interesses an der germanisch-nordischen Mythologie. Durch die nach dem Zweiten Weltkrieg lange Zeit erfolgte Verdrängung oder gar Tabuisierung dieses Details der Kulturgeschichte – bedingt natürlich durch die Aneignung und ideologische Umdeutung im Nationalsozialismus – vermag der rechtsextreme Zugriff nicht nur an

---

22. Es gab eine gleichnamige Forschungseinrichtung, die sich mit diesen Fragen befasste.
23. Ausführlich dazu z. B. SÜNNER 2003.

das Dritte Reich anzuknüpfen und in dessen Tradition sozialdarwinistische Inhalte in die germanisch-nordische Mythologie hineinzudeuten und über diese zu vermitteln, sondern die Beschäftigung mit der Thematik erscheint an sich bereits als exklusiv und kann damit zur Identitätsstiftung und zugleich zur Abgrenzung von der Mehrheitsgesellschaft dienen. An den oben dargelegten Befunden wird sehr deutlich, dass die Identitätsstiftung insbesondere insofern erfolgt, als Eigenschaften der Götter bzw. anderer mythologischer Figuren auf die rechtsextremen Nutzer der betreffenden Namen im Sinne einer Selbstzuschreibung übertragen werden (sollen). Indem man den Namen eines Gottes führt oder sich durch die Namenswahl in ein Verwandtschafts- oder Dienstverhältnis zu dieser Gottheit stellt, will sich der Namensträger selbst mit den betreffenden positiv bewerteten Merkmalen versehen.

Indem die Beschäftigung mit jenen Mythen in der demokratischen Mehrheitsgesellschaft eher ein Randthema darstellt, gelingt es der rechtsextremen Szene, sich einen Teil der Geschichte quasi exklusiv anzueignen. Dies ist nicht nur relevant im Hinblick auf die Traditionspflege und – wie bereits erwähnt – die ideologische Ausdeutung der Vergangenheit, sondern Rechtsextreme können sich so zum Wahrer des historischen Erbes stilisieren, wobei der in der Szene weit verbreitete und selbst gepflegte Habitus des Verfolgten und des Märtyrertums hier deutlich zutage tritt: Die Auffassung, das Christentum sei den Germanen als ›artfremde‹ Religion – die speziell das sozialdarwinistische Durchsetzen des Stärkeren verhindere – aufgezwungen worden, findet sich in rechtsextremen Diskussionen über die Mythologie immer wieder. Dem setzt die Szene den Slogan »Odin statt Jesus« entgegen, oftmals auf Aufklebern bildlich symbolisiert durch einen Adler (als Symbol für die germanische Religion), der einen Fisch (Symbol des Christentums) in seinen Fängen ergreift.

Dabei kann die Hinwendung zum germanischen Götterpantheon sogar so weit gehen, dass hieraus eine Glaubensüberzeugung erwächst. Auch wenn dies sicherlich (empirische Untersuchungen und damit belastbare Belege fehlen) keine Mehrheitserscheinung darstellt, so sind doch auch bekennende Neuheiden Teil der rechtsextremen Szene.[24]

---

24. Vgl. z. B. die Einträge bei www.nationale-revolution.net (Zugriff: 3. Februar 2014).

Fazit und Ausblick

Fasst man zusammen, so stellt man fest, dass es ein sehr breites Spektrum an Motiven ist, weshalb die rechtsextreme Szene auf die germanisch-nordische Mythologie zugreift. Zur Erklärung dieser Hinwendung, die mit einer ideologischen Adaption und Instrumentalisierung untrennbar verknüpft ist, reicht es nicht aus, auf die nationalsozialistische Ausdeutung der germanischen Vergangenheit und die damit verbundene Vereinnahmung der Mythologie zu verweisen. Vielmehr weist die heutige rechtsextreme Rezeption zumindest teilweise eine andere Spezifik auf. Essenziell sind dabei drei Komponenten, die für den nationalsozialistischen Zugriff auf die germanisch-nordische Mythologie aus den historischen Kontextbedingungen heraus weitaus weniger bedeutsam waren: Dies ist erstens die aus der Mythologie abgeleitete explizite Bejahung von Gewalt als Mittel der Durchsetzung der eigenen Interessen, kontrastiv zur demokratischen Mehrheitsgesellschaft. Dazu gehört insbesondere die mehr oder weniger deutliche Ansage über die Verwendung der Chiffre der Ragnarök, auf gewaltsamem Wege die freiheitlich-demokratische Grundordnung zu beseitigen. Zweitens dient die Berufung auf die Mythologie zur Abgrenzung von der Mehrheitsgesellschaft und zur Identitätsstiftung, basierend auf der entsprechend ausdeutenden Erbeaneignung. Und schließlich drittens fungiert die Berufung auf die Mythologie quasi als Code für die Anknüpfung an nationalsozialistische völkisch-rassistische Traditionen.

Die Tatsache, dass die Vereinnahmung und Ausdeutung der germanisch-nordischen Mythologie nicht nur im deutschen Sprachraum, sondern weit darüber hinaus stattfindet, zeigt überdies, dass die Mythen zum länderübergreifenden symbolischen Band der rechtsextremen Identitätsstiftung geworden sind. Dabei wird auch deutlich, dass weniger die kulturhistorischen Komponenten für den Zugriff entscheidend sind als vielmehr die ideologisch-politischen Botschaften, die mit der Mythologie transportiert werden können.

Abschließend sei noch die Frage erlaubt, welche Perspektiven die rechtsextreme Vereinnahmung der germanisch-nordischen Mythologie besitzt. Entscheidend für den Erfolg des rechtsextremen Zugriffs auf die Mythologie scheint zu sein, in welchem Maße eine solche Vereinnahmung (weitgehend) exklusiv erfolgen kann. Eine Identitätsstiftung über die germanisch-nordischen Mythen funktioniert jedenfalls nur dann, solange diese nicht auch in größerem Maße von anderen gesellschaftlichen Gruppen genutzt bzw. zumindest rezipiert werden. Unter diesen Bedingungen können Rechtsextremisten in der Öffentlichkeit die (vermeintliche) Deutungshoheit für sich reklamieren und die Mythen im eigenen ideologischen Sinne selektiv werten. Zwar gibt es in jüngerer Vergangenheit auch populäre Zugriffe auf den mythischen Stoff von anderer Seite (genannt seien die Thor-Filme, -Comics etc.), doch betonen diese gerade ähnliche Aspekte (Kampf, Krieg, Gewalt) wie auch die rechtsextreme Rezeption und bedienen damit ein vergleichbar selektives Bild der germanisch-nordischen Mythologie. Eine Popularisierung zahlreicher anderer Komponenten der mythologischen Überlieferung bleibt zu leisten, ebenso wie deren Einordnung in kulturhistorische Zusammenhänge, die die Betonung der von Rechtsextremisten herausgehobenen Aspekte wie Gewalt und Durchsetzung des Stärkeren vor dem Hintergrund der historischen Entstehungskontexte relativiert. Erst bei einer breiteren gesellschaftlichen Auseinandersetzung mit der Thematik verlöre der Rechtsextremismus seine Deutungshoheit über das Thema und damit auch die Mythologie ihre exklusive identitätsstiftende Funktion.

Literatur

FAHR, MARGITTA-SYBILLE (2004): Heimlicher Runenzauber. Symbolsprache und Kennzeichen der Rechten. In: GERTOBERENS, KLAUS (Hrsg.): Die braune Gefahr in Sachsen. Personen, Fakten, Hintergründe. Dresden: edition Sächsische Zeitung, 129–132.

PETZOLDT, LEANDER (1990): Kleines Lexikon der Dämonen und Elementargeister. München: Beck.

SCHUPPENER, GEORG (2010): Der Missbrauch germanischer Mythologie in der Sprache des Rechtsextremismus. In: SCHUPPENER, GEORG (Hrsg.): Sprache des Rechtsextremismus. Spezifika der Sprache rechtsextremistischer Publikationen und rechter Musik. Leipzig: Edition Hamouda Wissenschaftsverlag, 25–52.

SCHUPPENER, GEORG (2011): Rezeption germanischer Mythologie im rechtsextremen Internetforum thiazi.net. In: ROCH, CLAUDIA / SCHENKEL, ELMAR / SCHUPPENER, GEORG (Hrsg.): wunders vil. Zur Aktualität des Mythos. Festschrift für Dr. Reiner Tetzner zum 75. Geburtstag. Leipzig: Edition Vulcanus, 45–54.

SCHUPPENER, GEORG (2014): Kulturtransfer zur politischen Funktionalisierung – Adaption und Instrumentalisierung germanischer Mythologie im slowakischen Rechtsextremismus. In: Translation und Transkulturelle Kommunikation. Maribor 2014 (im Druck).

SIMEK, RUDOLF (2003): Religion und Mythologie der Germanen. Darmstadt: Wissenschaftliche Buchgesellschaft.

SÜNNER, RÜDIGER (2003): Schwarze Sonne. Entfesselung und Missbrauch der Mythen in Nationalsozialismus und rechter Esoterik. Freiburg im Breisgau: Herder.

www.asgardversand.net (Zugriff: 31. Dezember 2012)

www.dasversteckspiel.de (Zugriff: 6. März 2014)

www.nationale-revolution.net (Zugriff: 3. Februar 2014)

www.odin-versand.de (Zugriff: 14. März 2014)

www.thor-shop.sk (Zugriff: 6. März 2014)

RUDOLF SIMEK

Germanische Mythologie – Forschungsstand und aktuelle Rezeption am Beispiel der rechten Szene

Der folgende Aufsatz, gehalten als Vortrag am 23. November 2013 in der Gedenkstätte Osthofen, zerfällt in zwei ganz unterschiedliche Teile. Zum einen sollte ich den derzeitigen Forschungsstand zur Germanischen Mythologie referieren, soweit er für das Thema der Konferenz relevant ist, wobei ich mich auf neue Ergebnisse und Veränderungen der letzten zwanzig bis dreißig Jahre beschränken will. Zum anderen wollte ich anhand des Internets herausfinden, inwieweit heidnischreligiöse Aspekte des germanischen Heidentums im Rechtsextremismus rezipiert werden bzw. wie sehr sich hier die neuere Forschung überhaupt niederschlägt.

Forschungsstand

Die letzten Jahrzehnte haben unsere Kenntnis der germanischen Religion durch zahlreiche sehr unterschiedliche archäologische Funde wesentlich bereichert; aber auch Erkenntnisse zur Natur der üblicherweise als »germanische Mythologie« bezeichneten mittelalterlichen mythischen Erzählungen haben zu einer Veränderung des Bildes gegenüber noch der Mitte des 20. Jahrhunderts geführt. Der Grund für die nunmehr viel intensivere Beschäftigung mit dem Themenkreis der germanischen und besonders nordgermanischen christlichen Religion liegt im Ende einer Tabuisierung, die nach dem Ende der Nazi-Diktatur eine Forschung für fast vier Jahrzehnte praktisch gelähmt hatte, und dies ganz besonders im deutschen Sprachgebiet und in England.

Die allerwesentlichsten Erkenntnisse der letzten dreißig Jahre lassen sich wie folgt in zehn Punkten zusammenfassen:

1. Aufdeckung der zentralen Bedeutung der eisenzeitlichen Feuchtraumopferplätze
2. Natur und Form der eisenzeitlichen germanischen Opferriten
3. Versuch der Entschlüsselung der völkerwanderungszeitlichen Brakteatenikonografie
4. Erschließung einer völlig neuen Quellengruppe mit den völkerwanderungszeitlichen Goldblattfiguren Südskandinaviens (sogenannte *Guldgubber*)
5. Die Multifunktionalität des früher als ›Tempel‹ übersetzten Kultgebäudes *hof*
6. Funde von Kultgebäuden jenseits des *hof*
7. Status und Relevanz der wikingerzeitlichen und vorwikingerzeitlichen großen Hügelgräber
8. Polyzentralität germanischer Religion(en)
9. Neue Motivationsstrukturen innerhalb der germanischen Bekehrungsgeschichte(n)
10. Rolle der Eddas in der Quellendikussion

Zu jeder dieser Erkenntnisse sei kurz die Forschungslage zusammengefasst:

Ad 1) In den letzten Jahrzehnten wurden die Grabungsberichte zahlreicher südskandinavischer Opfermoore publiziert, die zu einem Teil aus sogenannten Waffenbeuteopfern, also der den jenseitigen Mächten als Votivgabe gelobten kompletten Waffenausrüstungen der besiegten Armeen bis hin zu mehreren Schiffen (wie in Nydam), bestanden. Diese Waffenopfer haben aufgrund ihrer beträchtlichen Zahl nicht nur einen repräsentativen Einblick in die Sozialordnung des eisenzeitlichen Südskandinavien und ihrer hierarchischen Gliederung bieten können, sondern auch in die Komplexität der Opfervorgänge, von denen wir ja nur die letzten physischen Reste bergen können. Das sind absichtlich und systematisch zerstörte, z. T. auch zusätzlich verbrannte, aber jedenfalls dann wieder sortierte, gebündelte und im Moor versenkte komplette Heeresausrüstungen, wobei vereinzelte, nach der Zerstörung angebrachte (aber praktisch durchwegs kryptische) Runeninschriften klarmachen, dass der Opferungsprozess zweifellos vielschichtiger war als für uns erkennbar: Über Riten, Tanz, Gesänge etc. erzählen die Funde nichts, ebenso wenig wie über die Gründe für die zahlreichen Steine und angespitzten Hölzer, die mit den Waffendeponierungen vergesellschaftet waren. Ein weiteres Rätsel ist der Verbleib etwaiger Leichen der besiegten Armeen, denn diese fanden sich nicht unter den Waffenopfern. Daneben spielten Opfermoore aber auch im Kult allgemein eine besondere Rolle, denn Opferplätze ohne massive Waffenfunde waren entweder parallel zu diesen (wie in Thorsberg) oder ganz unabhängig von ihnen (wie in Oberdorla in Thüringen) über Jahrhunderte hinweg bis etwa zum Ende des 5. Jahrhunderts in Verwendung. Vereinzelte anthropomorphe, aber stark stilisierte Holzfiguren in unmittelbarer Nachbarschaft der Moore deuten darauf hin, dass man sich die Götter bereits in Menschengestalt und nicht etwa als Naturgottheiten vorstellte.

Ad 2) Die Ausgrabungen in ehemaligen Moor- und Quellenheiligtümer haben für die eisenzeitlichen Opferriten auch neue Erkenntnisse ergeben, nämlich die Bedeutung eines kommunalen Opferfestes, bei dem die rituelle Tötung von Großtieren, also Rindern und Pferden, eine zentrale Stellung einnahm. Die Niederlegung der Schädel, Häute und Extremitäten der Tiere in Mooren und Opfergruben weist darauf hin, dass diese als Pars-pro-Toto-Opferung zu verstehen ist, während ein Teil des Ritus zweifellos im gemeinsamen Mahl des Opfertieres selbst bestand. Auch wenn wir den Zweck derartiger, wohl entweder saisonaler oder noch seltenerer (möglicherweise alle neun Jahre stattfindenden) gemeinschaftlicher Opferhandlungen natürlich nicht mit Sicherheit feststellen können, liegt ein Fruchtbarkeitsopfer nahe, auch wenn man mitunter an eine Form des Sühneopfers denkt.

Ad 3) Die letzten Jahrzehnte haben auch eine intensive, mit dem Namen des Forschers Karl Hauck verbundene Beschäftigung mit der schon lange bekannten Fundgruppe der germanischen Goldbrakteaten, also einheimischen einseitig geprägten Imitationen römischer Kaisermedaillons, gesehen. Der Versuch der Entschlüsselung der Bildsprache dieser über 600 verschiedenen völkerwanderungszeitlichen Brakteaten hat zu einer weitgehenden Übereinstimmung dazu geführt, dass wenigstens die Ikonografie der sogen. C-Brakteaten, die durchwegs ein Männerhaupt über einem Vierbeiner zeigt, eine Götterdarstellung in Imitation römischer Kaiserbilder repräsentiert, wobei üblicherweise an den Gott Odin in seiner Funktion als (Pferde-)Heiler gedacht wird. Da aber die Identifikation des Vierbeiners als Pferd in vielen Fällen keineswegs klar ist, muss man u. U. auch mit der Repräsentanz anderer männlicher Gottheiten rechnen. Das letzte Wort ist hier, ebenso wenig wie bei Brakteaten mit drei gezeigten Personen, noch nicht gesprochen.

Ad 4) Eine in ihrem Umfang völlig neue, wenn auch früher durch die Kenntnis von Einzelstücken nicht ganz unbekannte Fundgruppe sind winzige Goldblechfiguren ausschließlich aus Südskandinavien, von denen nunmehr einige tausend Stück mit der Darstellung einzelner hochstehender Männer, Frauen oder auch sich umarmenden Paaren vorliegen und ikonografisch untersucht sind. Sie stammen praktisch alle, soweit in ungestörtem Fundkontext aufgefunden, aus Reichtumszentren des 6. und 7. Jahrhunderts, wobei sie eine Rolle bei Rechtshandlungen im Umfeld von Erbmahl oder dynastischen Hochzeiten gespielt haben und in prominenter Position an den Hochsitzsäulen repräsentativer Herrscherhallen sichtbar gewesen sein dürften.

Ad 5) Die soeben angesprochenen Hallen der Vorwikingerzeit in Skandinavien, deren (fast standardisierte) enorme Größe von 70 m Länge erst in den letzten Jahrzehnten erkannt wurde, liefern auch den Schlüssel zur alten Fragen, was das altnordische *hof*, in mittelalterlichen Texten je nach Kontext sowohl mit »Bauernhof«, »Fürstenhof« oder »Tempel« übersetzbar, tatsächlich bedeutet: Offenbar spielten derartige große fürstliche Hallen eine zentrale Rolle in den Reichtumszentren Skandinaviens, sowohl in den Kultzentren von Gudme auf Fünen in Dänemark, Alt-Uppsala in Schweden und Mære in Norwegen als auch weit darüber hinaus in den Norden bis zu Borg auf den Lofoten. Nach Auskunft der Funde und Befunde der Grabungen dienten diese Hallen ebenso dem täglichen Leben der Familie und des Gefolges der jeweiligen Häuptlinge, aber auch, und das wohl nur zu bestimmten Opferzeiten, als Ort der Kulthandlungen, deren Kultrepräsentanten man in diesen Häuptlingen oder Fürsten selbst wird vermuten dürfen. Somit wäre *hof* nicht als monofunktionaler »Tempel«, sondern am ehesten als »Repräsentationshalle mit Kultfunktionen« zu umschreiben.

Ad 6) Echte »Tempel«, also reine Kultgebäude ohne jegliche andere Funktionen, waren lange Zeit überhaupt nicht nachzuweisen, bis die Ausgrabungen in Uppåkra bei Lund auf einem zentralen Platz der Vorwikingerzeit und Wikingerzeit auch ein relativ kleines, aber möglicherweise aufgrund der massiven Säulen relativ hohes Gebäude ergeben haben. Dieses war zwar mehrere Jahrhunderte in Gebrauch, hat aber keinerlei Siedlungsfunde ergeben, in den älteren Schichten aber sehr wohl die genannten Guldgubber und außerdem hochwertige Glasgefäße, die ob ihrer Einzigartigkeit nur als (Kult-)Repräsentationsobjekte erklärt werden können.

Ad 7) Während man schon lange um die Bedeutung der großen Königsgräber der Wikingerzeit für das intentionierte Gedächtnis *(memoria)* um diese Könige wusste, haben jüngere Forschungen gezeigt, dass selbst so große und reiche Gräber wie das Oseberggrab in Norwegen nicht in einem Zug errichtet wurden, sondern möglicherweise längere Zeit absichtlich unvollendet blieben: Offenbar war ein wichtiger Aspekt als bisher angenommen die Repräsentation des Verstorbenen oder seiner Erben an ein Publikum gerichtet, einschließlich der reichen Grabbeigaben, die ja für längere Zeit sichtbar geblieben sein müssen.

Ad 8) Jüngere Publikationen, die sich mit verschiedenen Quellengruppen – ob archäologisch oder literarisch (hier v. a. MCKINNELL 1994) – beschäftigen, kommen immer häufiger zu dem Schluss, dass man sich von der Vorstellung lösen muss, die vorchristliche germanische Religion sei ein einziger monolithischer Komplex von Glaubensvorstellungen gewesen. Vielmehr seien die lokalen und auch zeitlichen Varianten in Kult, Glaube und Mythologie zu berücksichtigen, bei denen nur wenige Konstanten (wie die Hauptgötter, oder die genannten Formen der Großtieropfer) über größere Perioden und Distanzen hinweg einigermaßen unverändert blieben. Bei der enormen Verbreitung des germanischen Polytheismus von den vorchristlichen Goten am Balkan bis zu den Angelsachsen in England und den Skandinaviern im Norden braucht dies allerdings auch wenig zu überraschen. Aber selbst kleinräumige Untersuchungen wie die von eisenzeitlichen Grabformen in Dänemark oder wikingerzeitlichen Gräbern in Norwegen zeigen einen beträchtlichen Formenreichtum, der nur mit parallel existierenden Varianten der Glaubensvorstellungen erklärt werden kann.

Ad 9) Ein Umdenken muss wohl auch bei der Betrachtung der Motivation für den Wechsel vom germanischen Polytheismus zum Christentum eintreten. Zwar dürfte das Kulturgefälle zwischen Skandinavien einerseits, dem Karolingerreich, England und Irland andererseits eine nicht unwesentliche Rolle für den Wunsch nach Bekehrung gespielt haben, aber genauere Untersuchungen karolingischer Missionsliteratur können zeigen, dass die Mission ganz bewusst das – eindeutig attraktivere – Jenseitsangebot des Christentums benutzte, um es den nur recht vagen und disparaten Jenseitsvorstellungen des Polytheismus gegenüberzustellen; so beschäftigt sich in einer ALKUIN zugeschriebenen kurzen Missionsinstruktion mehr als die Hälfte des Gesamttexts mit dem Leben nach dem Tode.

Ordo de catechizandis rudibus (um 800)

Prius instruendus est homo de animae immortalitate, et de vita futura, et de retributione bonorum malorumque, et de aeternitate utriusque sortis. Postea pro quibus peccatis et sceleribus poenas cum diabolo patiatur aeternas; et pro quibus bonis vel benefactis gloria cum Christo fruatur sempiterna. Deinde fides sanctae Trinitatis diligentissime docenda est, et adventus pro salute humani generis Filii Dei Domini nostri Jesu Christi in hunc mundum exponendus. Et de mysterio passionis illius, et veritate resurrectionis et gloria ascensionis in coelos, et futuro ejus adventu ad judicandas omnes gentes: et de resurrectione corporum nostrorum, et de aeternitate poenarum in malos et praemiorum in bonos [...] ⟨ALCUIN, 190⟩

Zunächst ist der Mensch über die Unsterblichkeit der Seele zu unterweisen, über das zukünftige Leben, über die Vergeltung der guten und bösen Werke und die Ewigkeit beider Wege. Sodann, für welche Sünden und Vergehen er mit dem Teufel ewige Strafen erleiden und für welche guten und rechtschaffenen Taten er mit Christus ewigen Ruhm genießen werde. Ferner ist der Glaube an die Hl. Dreieinigkeit auf das sorgfältigste zu lehren und das Kommen des Gottessohnes, unseres Herren Jesus Christi in diese Welt um des Heiles des Menschengeschlechtes willen zu erklären; und vom Geheimnis seines Leidens, der Wahrhaftigkeit seiner Auferstehung, dem Glanz seiner Himmelfahrt, von seinem zukünftigen Kommen zum Gericht über alle Völker; und von der Auferstehung unserer Leiber und der Ewigkeit der Strafen für die Bösen und Belohnungen für die Guten.

Ad 10) Schließlich ist noch die veränderte Rolle der altisländischen Eddas in der Quellendiskussion zu erwähnen, welche bislang als Hauptquelle vorchristlicher germanischer Glaubensvorstellungen galt. Dabei ist aber immer zu berücksichtigen, dass die Edda des isländischen Gelehrten, Dichters und Politikers Snorri Sturluson (auch Prosa-Edda, fälschlich Jüngere Edda) um 1225 in einem gelehrten christlichen Umfeld entstanden ist, während die Liederedda (anonym, früher fälschlich Ältere Edda) überhaupt erst um 1275 aufgezeichnet wurde und ihre Entstehung wohl einem ganz ähnlichen intellektuellen Milieu wie dem Snorris verdankt, unabhängig davon, ob ganz vereinzelte Lieder wirklich wesentlich älter als die Sammlung selbst gewesen sein können. Insgesamt ist aber die Prosa-Edda auf jeden Fall als wissenschaftliche, die Liederedda als künstlerische Rezeption von Reminszenzen an eine vorchristliche Vergangenheit aufzufassen, keinesfalls als authentische Quelle oder gar genuines Zeugnis nordischer vorchristlicher Religion.

Rezeption germanischer Religion im Rechtsradikalismus anhand des Internets

Vorweggeschickt sei die Feststellung, dass natürlich nicht jede Rezeption von Mythologie außerhalb der Wissenschaft auch schon Missbrauch einschließt. Zudem ist Missbrauch ein sehr relativer Begriff: Missbrauch ist jede unkritische und absichtliche Veränderung weg von der historischen und sonstigen Wahrheit, beginnt aber schon im Mittelalter mit der Selbststilisierung skandinavischer Vergangenheit durch die Skandinavier selbst und ist keineswegs immer faschistoid begründet. Auch in den letzten vergangen Jahrhunderten lässt sich ein reiches Spektrum an Beispielen beibringen, sei es der Kampf Dänemarks und Schwedens um die Vorherrschaft in Skandinavien um die Frage, wer die besseren »Goten« seien und wer die älteren Götter habe, bis zu Kaiser Wilhelm, der sich Ende des 19. Jahrhunderts als Kaiser aller Teutonen gerierte, bis hin zu den Versuchen von Teilen der Nazihierarchie, das unbequeme, unheroische und noch dazu fürchterlich internationale Christentum durch das deutlich heroischere und germanischere Heidentum zu ersetzen.

Was die Verwendung von germanischer Religion und Mythologie – oder was in bildungsferneren Schichten dafür gehalten wird – im Internet angeht, so ist anzumerken, dass zwischen einer rein esoterischen Schiene und einer Referenz darauf in rechtsextremen Kreisen nicht immer leicht zu unterscheiden ist, und der Unterschied meist nur durch den Kontext zu etablieren ist, nicht aber aus der Art der Verwendung von germanischer Mythologie.

Abgesehen von der reinen Verwendung von ›germanischem‹ Namenmaterial, meist der Snorra-Edda entnommen und somit (unabsichtlich) auf rein literarische Aspekte der nordischen Mythologie verweisend, wie sie schon GEORG SCHUPPENER in seinem Beitrag im vorliegenden Band behandelt, sind es meist intentionale Falschmeldungen, die sich auf Seiten rechter Gruppierungen finden.

So behandelt eine sich »Terra – Germania« nennende Internetseite unter der Überschrift »Die Wahrheit lässt sich nicht auf Dauer unterdrücken«:

ja! Die Germanische Bibel heißt Edda und das ist höchstwahrscheinlich die ehrlichste und die erste.[1]

Als rechtsextrem lässt sich diese Seite deswegen bezeichnen, weil die dort zu findenden Blogs durchweg antisemitisch, rassistisch und von Weltverschwörungstheorien gekennzeichnet sind.

Aber auch Seiten, die sich angeblich direkt mit den Quellen germanischer Religion befassen, sind vor ähnlichem Unsinn nicht gefeit:

Wie die meisten von euch Wissen sollten ist die Heidnische/germanische »Bibel« Namen's »Edda« eines der bisher ältesten Religiösen erhaltenen Büchern in Schriftform und ich möchte nochmal explizit darauf Hinweisen das wir daran erinnern sollten, dass auch Jahrtausende vor den heutigen Großreligionen immer und immer wieder Religionen kamen als auch wieder gingen [...].[2]

Zurück zur Frage, welche der zahlreichen Seiten, die sich mit germanischer Religion befassen, auch als rechtsextrem eingestuft werden kann,

---

1. Blogeintrag z. B. am 31. Dezember 2011, 21.25 Uhr. http://terragermania.com/2011/12/31/der-globale-finanzkrieg-geht-in-die-endphase/
2. https://de-de.facebook.com/pages/Die-Edda/242953752410305 (Zugriff: 15. November 2013). Die eigentümlich Orthografie des Beitrags ist beibehalten.

so ist wie gesagt der Kontext ausschlaggebend. Neben den genannten Blogs der Nutzer von Seiten können dies auch Werbungen für Publikationen oder Merchandise mit rassistischen Tendenzen sein (etwa *Landser*-Hefte oder T-Shirts mit rassistischen Aufdrucken), denn verständlicherweise deklarieren sich die Internetauftritte nur selten selbst als faschistoid.

Für eine (relativ) schnelle und einigermaßen verlässliche Information hilfreich sind die Veröffentlichungen des Verfassungsschutzes auf Bundes- und Landesebene, auch wenn die Information nicht sonderlich benutzerfreundlich präsentiert wird, sondern nur aus diversen Veröffentlichungen zusammengestellt sind. Als für die germanische Religion und Mythologie relevant ist dafür u. a. der Verfassungsschutzbericht des Bundes für 1996, wo schon damals festgehalten wird:

21. 8. 1996:
Das Bundesamt für Verfassungsschutz »beobachtet« im o. a. Sinne derzeit u. a. die Organisationen »Nordischer Ring e.V.« (NR), »Die Artgemeinschaft – Germanische Glaubensgemeinschaft wesensgemäßer Lebensgestaltung e.V.«, die »Gesellschaft für biologische Anthropologie, Eugenik und Verhaltensforschung e.V.« (GfbAEV) und den »Bund für Gotterkenntnis (Ludendorff) e.V.« (BfG).

Die Bezeichnungen der sogenannten Glaubensgemeinschaften selbst sind – mit Ausnahme des Schlüsselworts »Artgemeinschaft« – also selbst noch lange nicht aufschlussreich, haben aber bei näherem Hinsehen nur wenig mit rein religiösen Glaubensgemeinschaften im engeren Sinn wie Odinisten oder den Mitgliedern der skandinavischen *Ásatrú*-Bewegungen gemeinsam.

Auch der Name des inzwischen abgeschalteten »Thiazi-Forums« (nach einem bei Snorri genannten Riesen der nordischen Mythologie) findet sich wenigstens im Verfassungsschutzbericht 2012 Mecklenburg-Vorpommern, wo »Exekutivmaßnahmen gegen die Betreiber des »Thiazi-Forums« erwähnt werden:

Im Zuge eines Ermittlungsverfahrens der Staatsanwaltschaft Rostock gegen das »Thiazi-Forum« fanden am 14. Juni 2012 in 11 Bundesländern mit Schwerpunkt in Baden-Württemberg und Mecklenburg-Vorpommern Durchsuchungsmaßnahmen durch das Bundeskriminalamt statt. Einer der Hauptverdächtigen ist eine Person aus Barth (Landkreis Vorpommern-

Rügen). Nach diesen Maßnahmen blieb das »Thiazi-Forum« abgeschaltet. Bis zu diesem Zeitpunkt war es das bedeutendste deutschsprachige Internetforum für Rechtsextremisten. Mit Stand Juni 2012 gab es dort etwa 30.000 registrierte Nutzer. (Verfassungsschutzbericht 2012)

Für den Verfassungsschutz nicht relevant sind offenbar bislang diejenigen »Germanengläubigen«, die sich im Windschatten von Wikingerfesten im ganzen deutschen Sprachgebiet und auch in Dänemark und Schweden zwar am rechten Rand der Gesellschaft bewegen, aber darüber hinaus noch nicht politisch relevant geworden sind:

> Seit Jahren ziehen erlebnisorientierte Spektakel, Schwertkämpfe, nordische »Stämme- und Völkertreffen« oder Kulturfeste wie die »Wikingertage« in Schleswig auch Neonazis magnetisch an. Die bundesweite Kameradschaftsszene ist antichristlich geprägt, vermischt immer offensichtlicher Nord-Kult und Heidenglauben. Religionsersatz auch für Jüngere bietet verstärkt die ariogermanische *Artgemeinschaft* des verstorbenen Neonazi-Anführers Jürgen Rieger. Deren Anhänger gelten als Stammgäste bei Germanen- und Wikingerevents. (RÖPKE / SPEIT 2014, 126)

Abgesehen von dem durch GEORG SCHUPPENER aufgearbeiteten Namenmaterial ist aber nur wenig über eine genuine Kenntnis germanischer Religion oder auch nur nordischer Mythologie auf den Seiten nachweislich rechtsextremer Gruppen zu finden, was über die gängigen, meist falsch wiedergegebenen Vorurteile darüber hinausgeht. Dies gilt auch für die verschiedentlich zu findenden Symbole: Die heutige Verwendung des Thorshammers (im wikingerzeitlichen Skandinavien ausschließlich als Frauenschmuck in Gräbern belegt), das sogenannte Bild der sächsischen *Irminsûl*, welches als Symbol nicht älter als das 19. Jahrhundert ist, und die höchst missbräuchliche Verwendung von Runen als Symbolzeichen haben alle mit den früh- und vormittelalterlichen vorchristlichen Vorstellungen der Germanen nicht das Geringste zu tun.

Nur wenig besser sieht es mit einer recht kleinen Gruppe von Mythemen aus, die immer wieder rezipiert werden, so um den Themenkomplex der Endzeit, wo die Begriffe *Ragnarök*, *Valhall* und *Einherier* häufig benutzt werden, ohne dass eine kritische Auseinandersetzung damit stattfände, etwa dahingehend, dass im Deutschen der viel besser belegte Begriff *Muspilli* viel eher als Bezeichnung der

Endzeit angebracht wäre als der nordische und erst sekundäre Ausdruck Ragnarök.

Zusammenfassend lässt sich also zur Rezeption germanischer Mythologie im Rechtsextremismus Folgendes sagen:

Die Verwendung von angeblich germanischen Symbolen (Thorshammer, Irminsûl, Runen) ist fast durchwegs ohne Zusammenhang mit genuinen Quellen.

Die Nennung einzelner Göttergestalten beschränkt sich fast völlig auf Thor und Odin und ist entweder auf die banale Erwähnung der Namen beschränkt oder verwendet einen der beiden Hauptgötter als Ersatzgott in einem ansonsten christlich geprägten religiösen Weltbild. Der Charakter der vorchristlichen germanischen Religion als Polytheismus wird so gut wie nie rezipiert.

Einzelne Mytheme, wie Ragnarök, Valhall oder die Einherier als Odins Krieger berufen sich (bestenfalls) auf Snorris poetische hochmittelalterliche Darstellung; eine kritische Auseinandersetzung findet nicht statt.

Andere religiöse Inhalte und Konzepte des vorchristlichen Polytheismus werden auch dort nicht rezipiert, wo es für Zwecke einer rechten, anti-christlichen Ideologie eigentlich zu erwarten wäre: etwa beim nicht wertenden Jenseitsglauben, beim Schicksalsglauben oder auch bei den verschiedenen Facetten des Polytheismus.

Neuere Forschungsergebnisse, wie im ersten Teil dieses Aufsatzes vorgestellt, werden zudem völlig ignoriert; man kann darüber hinaus mit Recht behaupten, dass der Stand der Kenntnisse der germanischen Religion und Mythologie in der rechten Szene bestenfalls dem der populären Handbücher vom Ende des 19. und Beginn des 20. Jahrhunderts entspricht und eine Weiterentwicklung oder weitere Information nicht stattgefunden hat, wobei überraschenderweise nicht einmal die deutschsprachige Literatur der 30er- und 40er-Jahre vorausgesetzt werden kann, die ideologisch eine größere Affinität haben könnte als die meist naturmythologischen Interpretationen des 19. Jahrhunderts. Nur in einzelnen Bereichen der Blut-und-Boden-Ideologie wird auf Schriften dieser Zeit bis zurück auf Lanz von Liebenfels zurückgegriffen, aber auch hier wird wissenschaftliche Literatur im engeren Sinn selbst der Nazizeit ignoriert zugunsten eher esoterischen Schrifttums.

Literatur

ALCUIN: Epistola XXXIII. In: PL 100.

MCKINNELL, JOHN (1994): Both One and the Many. Essays on Change and Variety in Late Norse Heathenism. With an Appendix by MARIA ELENA RUGGERINI. Rom: Il calamo.

RÖPKE, ANDREA / SPEIT, ANDREAS (2011): Mädelsache! Frauen in der Neonazi-Szene. 3., aktual. Aufl. Berlin: Ch. Links Verlag.

Verfassungsschutzbericht 2012 Mecklenburg-Vorpommern 2012. Hrsg. vom MINISTERIUM FÜR INNERES UND SPORT MECKLENBURG-VORPOMMERN. Redaktion: Abteilung Verfassungsschutz, Schwerin. http://www.verfassungsschutz-mv.de/cms2/Verfassungsschutz_prod/Verfassungsschutz/content_downloads/Verfassungsschutzberichte/vsb_2012_140526.pdf (Zugriff: 1. Dezember 2014).

BURCKHARD DÜCKER

Zum Traditionsrahmen aktueller Symbole und Rituale rechtsextremer Formationen

1. Einleitung: Rechtsextremismusforschung als Ritualanalyse

In Internet und Massenmedien ist das Themenfeld Rechtsextremismus allgegenwärtig, vor allem wegen der Anschläge gegen Asylbewerberheime, von Migranten bewohnte Häuser, der Übergriffe gegen Passanten und der Proteste gegen die Wehrmachtsausstellung in den 90er-Jahren, aktuell wegen der am 4. November 2011 aufgedeckten Mordserie des Nationalsozialistischen Untergrunds (NSU) und des Prozessbeginns 2013. Auch lassen immer mehr Firmen ihre Geschichte während des Nationalsozialismus untersuchen, über eine Ausgabe von Hitlers *Mein Kampf* wird diskutiert, rechtsextreme Sprüche werden im Dienstwagen der bayerischen Polizei entdeckt,[1] Begriffe wie Provenienzforschung, Raubkunst, Rückgabe von Kunstwerken sind unverzichtbar.

Rechtsextreme Formationen, die – von rechten Parteien abgesehen – in aller Regel keine institutionell legitimierte politische Repräsentanz haben,[2] machen sich dadurch sozial sichtbar und wiedererkennbar, dass sie in öffentlichen, deutungspolitisch neutralen Räumen (Straßen, Plätze, auch Stadien) immer wieder zu bestimmten Anlässen rituelle

---

1. Ein Polizist gesteht, folgende Sprüche im Dienstwagen angebracht zu haben: »Good night left Side«, »Kein Sex mit Zecken«, »Anti-Antifa organisieren« (PRZYBILLA / KASTNER, Süddeutsche Zeitung, 23. Mai 2014).

2. In einer Reihe von Gemeinderäten sitzen NPD-Mitglieder als gewählte Vertreter. Für das dabei bisweilen praktizierte Verfahren des Dauerredens können sich die Abgeordneten auf Goebbels berufen. Bei Versammlungen anderer Parteien »meldete sich einer von uns in der Aussprache, wir erzwangen durch die Mehrheit der Versammlung selbst eine Redezeit von ein oder zwei Stunden und hatten so die Gelegenheit, das zu sagen, was wir sagen wollten.« (GOEBBELS 1938, 256).

bzw. ritualisierte Handlungsprozesse³ wie Demonstrationen, Aufmärsche, Ehrungs-, Protest und Gedenkveranstaltungen aufführen. Der systematische Einsatz dieser zumeist amtlich genehmigten rituellen Sichtbarkeit zur Genese sozialer Aufmerksamkeit und als Medium politischer Programmatik für Passanten und Medienöffentlichkeit ist möglich, weil Rituale kein Selbstzweck, sondern Mittel zum Zweck sind. Rechtsextreme reagieren mit diesen Formen symbolischen Handelns auf aktuelle gesellschaftspolitische Situationen, die von ihnen als Anforderungen gedeutet werden wie der Bau von Moscheen, die Einrichtung von Asylbewerberheimen, Gedenktage, Jahreszeitenzyklen (Sonnwendfeiern). Wegen des Situationsbezugs markieren jede Ritualaufführung und ihre Wiederholungen singuläre historische Ereignisse, deren Zweck erst im postrituellen Alltag erreicht werden kann. Dafür bietet die Ritualhandlung mit ihrer Markierung von Erinnerungssituation und narrativer Sinnkonstitution⁴ die Voraussetzungen. Indem eine rechtsextreme Formation öffentlich Rituale aufführt, ›macht sie Geschichte‹.

Bekanntlich gibt es nicht *den* Rechtsextremismus, sondern dessen Diversifizierung in lokale und regionale Formationen wie ›Autonome Nationalisten, Aktionsfronten, Freie Kameradschaften‹,⁵ deren programmatische Orientierung sich je unterschiedlich auf »Verhaltens- und Einstellungsebene« (GRUMKE 2009, 22) der Mitglieder und Sympathisanten auswirkt. In Deutschland und anderen Staaten gehört Rechtsextremismus zu den stabilen Komponenten im politischen, gesellschaftlichen und kulturellen Bereich. Daher ist die Aufhebung der Sperrklausel von 3 Prozent für Europawahlen wegen der nun mög-

---

3. Jede Alltagshandlung kann ritualisiert werden, d. h. regelmäßig nach bestimmtem Ablaufschema wiederholt werden, wobei die Handlung durch die Erfahrung der symbolischen Präsenz eines anders nicht vermittelbaren höchsten Wertes überhöht wird. Auch tierische Verhaltensformen, die regelmäßig wiederholt werden, werden als ritualisiert bezeichnet (DÜCKER 2013).
4. Gemeint ist, dass der markierte Anfang des öffentlichen Rituals zu einem notwendig daraus folgenden Abschluss führt, sodass ein in sich geschlossener Erzählzusammenhang entsteht. Für Akteure und Beobachter bedeutet dies ein lebensgeschichtliches Ereignis mit sozialer Bedeutung, das zu erinnern und zu erzählen ist.
5. Vgl. Verzeichnis der wichtigsten »Freien Kameradschaften« in Deutschland (RÖPKE / SPEIT 2005, 199–205).

lichen Erfolge rechter Parteien kritisiert worden,[6] während die Aufhebung der »Extremismusklausel«[7] Zustimmung gefunden hat.

Wenn rechtsextreme Ritualakteure als ›Kameradschaft‹ oder ›Mädelbund‹ durch fremdenfeindliche Transparente in Frakturschrift und Auftritte in Marschblöcken das ›Dritte Reich‹ als Referenzzeit aufscheinen lassen, so geht es ihnen offenbar um die Kontinuität von dessen Traditionen, die sie im Ritual verkörpern, damit zum Gegenstand öffentlicher Kommunikation machen sowie zur Deutung und Lösung aktueller Probleme anbieten. Als zentrales Traditionselement hat die komplementäre Polarität des Gefälles von ›wir‹ (Binnenintegration, jeweils ein Lösungsangebot) und ›sie‹ (Außenabgrenzung, viele Lösungsangebote) zu gelten. Das Eigene als Konglomerat ›absoluter Wahrheiten‹ ist gegen Reflexion und Außeneinflüsse (EU, Globalisierung) immun. Konstitutiv für diese Programmatik erweist sich damit die Exklusionslogik der binären Gestaltungsformel ›entweder oder‹, während das Inklusionsprinzip ›sowohl als auch‹ nicht zugelassen ist. So wird ein Rahmen nationalsozialistisch fundierter Traditionen und Denkmuster sichtbar, der gesellschaftliche Handlungsabläufe in der Gegenwart produktiv orientiert.

Was kann ein ritualwissenschaftlicher Forschungsansatz 〈vgl. grundsätzlich DÜCKER 2007, 2012, 2013〉 für Diagnose, Analyse und Deutung rechtsextremer Praxisformen und Programmatik leisten? Als Merkmale ritueller Handlungen gelten Rahmen (Markierung von Anfang und Abschluss der rituellen Ordnung), Wiederholung, Selbstreferentialität (Präsentation, Bestätigung, Integration der eigenen Formation), Gestaltung des Außeralltäglichen durch Komplexitätsreduktion und ›Wertexplizitheit‹ 〈DÜCKER 2007, 122-127〉, Kommemoration (Erinnerung an Ursprung und Begründung des Rituals), Erfahrung von Gemeinschaft,

---

6. MUDDE kommt zu folgendem Fazit: »Die Tatsache, dass die Große Rezession [2007] zu keinem signifikanten Zuwachs an Unterstützung für Rechtsaußen geführt hat, sollte eigentlich nicht überraschen. Wirtschaftskrisen haben in Europa selten zu Wahlerfolgen für Rechtsaußen geführt.« Vielmehr seien »Wahlenthaltung, Wählen einer etablierten Oppositionspartei oder [...] einer der vielen« kleinen Protestparteien festzustellen 〈MUDDE 2014, 24〉.

7. Die Extremismusklausel galt von 2011 bis Januar 2014 und verlangte für den Erhalt staatlicher Förderung für das Engagement gegen die rechte Szene ein schriftliches Bekenntnis zum Grundgesetz der Bundesrepublik Deutschland.

Hervorbringung des Sozialen (z. B. Spaltung der öffentlichen Reaktion in Akzeptanz und Ablehnung des rechtsextremen Rituals). Indem Rechtsextreme öffentlich Rituale aufführen, ›machen sie sich‹ als Formation.

Ritualwissenschaftliche Deskription, Analyse und Deutung setzen beim beobachtbaren Geschehen[8] als Einheit von Was (machen die Akteure) und Wie (machen sie es) an. So gehören zur Beschreibung der rituellen Handlung Anlass/Motivation, Intention/Zweck, Ort, Zeit, Zuschauer, Medienpräsenz, amtliche Begleitung, Teilnehmer (Anzahl, Alter, Kleidung, Körperdesign, Geschlecht), Symbole und Zeichen, Musik, Markierung von Anfang/Ende, Anschlusshandlungen (Gegenrituale, Verbot, Abbruch), die Analyse bezieht sich auf diese Ergebnisse und deren Zusammenhang und den Vergleich mit früheren Ritualaufführungen, die Deutung betrifft die rituelle Handlung vor allem als Medium der Sichtbarmachung einer Programmatik (Selbstdarstellung, zeitgeschichtliche Bedeutung, Tradition). Grundsätzlich besetzen Rechtsextreme das »Rituotop« 〈DÜCKER 2007, 109ff.〉 ›Markierung des Eigenen‹ als Ablehnung aller Ausprägungen des Anderen bzw. Fremden. Die dafür angewendeten Praxisformen weisen durchgehend nationalsozialistische Bezüge auf (Heß-Gedenkmarsch, Sonnenwendfeier, Demonstrationen gegen ›Fremde/s‹ usw.).

Insgesamt geht es rechtsextremen Gruppen mit ihren Ritualen um die Umwandlung der von ihnen so gedeuteten Unordnung in Ordnung, um die Beendigung des – ihrer Deutung nach – seit 1945 bestehenden ›Übergangszustands‹, d. h. um revisionistische Ziele. Die soziopolitischen Verhältnisse sollen so werden, wie sie nach Deutung der Rechtsextremen einmal gewesen sind, Vergangenheit erscheint als Zukunft, diese wird nur im Modus der Erinnerung vermittelbar. So wird jedes Ritual zum Vorgriff auf das Ziel, das man zu kennen vorgibt, von dem man sich aber mit jeder Ritualaufführung entfernt, weil diese die eigene Notwendigkeit belegt. Eine Formation bestätigt sich durch ihre Ritualpraxis, dass ›es‹ (eigener Deutungs- und Machtanspruch) weitergeht, aber auch weitergehen muss (tendenzielle Erfolglosigkeit). Der Öffentlichkeit bieten Rituale Informationen über den Zustand der Formation. Mit dem ritualwissenschaftlichen Ansatz wird methodisch die Aufmerksamkeit darauf gelenkt, dass jede rechtsextreme rituelle Hand-

---

8. Bei historischen Ritualen sind Material-, Text- und Bildquellen auszuwerten.

lung sowohl ein geschlossenes singuläres Ereignis als auch Teil einer Serialität gleichstruktureller Aufführungen ist: Das Ereignis und dessen Funktion für die Kontinuität der Formation gehören zusammen.

Im Rahmen der umfangreichen Rechtsextremismusforschung scheint die Bedeutung der puren Sichtbarkeit rechtsextremer Aktivitäten nicht angemessen berücksichtigt zu werden.[9] Gegenüber Parteiprogrammen und institutionellen Organisationsformen rechter Parteien haben ›freie, autonome‹ Formationen keine kodifizierte, verbindliche Programmatik. Daher scheinen sie geradezu angewiesen zu sein auf öffentliche rituelle Selbstpräsentation und Sichtbarmachung ihrer Programmatiken. Zugespitzt gesagt sind sie nur, indem ›sie sich rituell machen‹. Während die Forschung vor allem aus »Studien zu Struktur, biographischen Hintergründen und Motivationen fremdenfeindlicher, antisemitischer und rechtsextremistischer Tatverdächtiger und Straftäter in Deutschland«[10] besteht, geht es mir um die systematische Berücksichtigung rechtsextremer ritueller Praxisformen und Symbole[11] als sichtbarer Medien programmatischer Inhalte.[12] Was können Institutionen und einzelne als Augen- und Ohrenzeugen sowie Mediennutzer aus öffentlichen Ritualen rechtsextremer Formationen über deren Programmatik und Traditionsorientierung erkennen? Wie wird darauf reagiert?

---

9. Der Entwurf der »Protestereignisanalyse« von RUCHT 2001, 8, und die Analyse des Heß-Gedenkmarschs von DÖRFLER / KLÄRNER gehen von der Sichtbarkeit der Aufführungen aus.

10. WAHL gewinnt aus diesem Ansatz folgendes Forschungsprojekt: »1) Eine Analyse von Gerichtsurteilen stellt uns die Taten und einen ersten Schattenriß der Täter vor Augen; 2) eine Intensivstudie bei fremdenfeindlichen Gewalttätern kann diese Konturen mit biographischen und psychologischen Details füllen; 3) eine Vollerhebung von Polizeiakten eines ganzen Jahres für Deutschland zeigt die Statistik der Sozialstrukturen der einschlägigen Tatverdächtigen« (vgl. WAHL 2003, 12). RÖPKE / SPEIT 2005 versammeln im Band *Braune Kameradschaften* Studien zu Einzelereignissen, ohne die rituelle Dimension zu berücksichtigen.

11. Für ihre inhaltliche Symbolgestaltung können sich Rechtsextreme auf HITLER 1933, 557, berufen: »Als nationale Sozialisten sehen wir in unserer Flagge unser Programm. Im Rot sehen wir den sozialen Gedanken der Bewegung, im Weiß den nationalistischen, im Hakenkreuz die Mission des Kampfes für den Sieg des arischen Menschen [...].«

12. Nicht berücksichtigt werden Geheimrituale wie Konzerte, die häufig in abgelegenen privaten Anwesen nur für Sympathisanten stattfinden.

2. Elemente des rechtsextremen Traditions- als Handlungsrahmens

2.1 Der öffentliche Raum: Straßen und Plätze

Zu den häufig aufgeführten rechtsextremen Ritualen gehören Proteste gegen Phänomene des ›Fremden‹. So organisiert die NPD in Schneeberg/Sachsen als Facebook-Gruppe »Schneeberg wehrt sich« 2013 zum wiederholten Mal das Ritual eines »Lichtellaufs« gegen eine Sammelunterkunft für Asylbewerber.[13] Die Teilnehmer tragen Fackeln[14] und Transparente »Wir sind Bürger, keine Nazis«, in Anspielung auf die Leipziger Montagsdemonstrationen von 1989 skandieren sie »Wir sind das Volk«, um durch diesen ›Ritualtransfer‹ soziale Aufmerksamkeit und Legitimation zu erhalten. Als Gegenritual organisiert der Bürgermeister »ein Friedensgebet und ein Fest für Menschlichkeit«[15] unter Beteiligung der Asylbewerber.

Im August 2012 veranstaltet die rechtsextreme Organisation »Pro Deutschland« eine antiislamische Demonstration in Berlin, die Polizei und Gegendemonstranten (Gegenritual) begleiten, womit sie Formen des Sozialen im öffentlichen Raum generiert und modelliert: Ihr rituelles Deutungsangebot zur Lösung des definierten Problems (Bau einer Moschee) kann abgelehnt werden, Passanten können sich räumlich distanzieren, das Ritual als Event wahrnehmen, es ignorieren oder akzeptieren und seine Ziele unterstützen. Für die Ritualakteure ist das Problem Ausdruck oder Folge eines Ordnungsdefizits.

Die wenigen Akteure zeigen Deutschlandfahnen und Plakate auf blauem Untergrund mit der Aufschrift »Unsere Gemeinden bleiben frei« und dem Schriftzug »Pro Deutschland«. Außerdem führen sie rot umrandete Verbotsschilder mit, die auf weißem Untergrund die schwarze Silhouette einer Moschee zeigen, die rot durchgestrichen ist. Die Farbkombination schwarz-weiß-rot verweist auf das Deutsche

---

13. Auch gegen das Asylbewerberheim in Marzahn/Hellersdorf hat sich eine rechtsextreme Bewegung unter diesem Namen formiert: »Bürgerbewegung Hellersdorf. Gemeinsam gegen Asylmissbrauch. Berlin wehrt sich«. Die Unterstützer haben sich als »Hellersdorf hilft« organisiert (vgl. THEILE 2014).
14. Traditionelle Symbole von Freiheitsmärschen und akademischen Ehrungsritualen (vgl. DÜCKER 2006).
15. POLLMER, Süddeutsche Zeitung, 28. Oktober 2013.

Reich bis 1918. Versprachlicht wird die Zielsetzung durch den nicht fehlerfrei handgeschriebenen Appell auf gelbem Karton: »Reformieren sie d. Koran alle böse Suren z. B. 2.172; 2.192; 5.52; 8.40; 9.29; müssen entfernt werden!« (*Der Spiegel*, 38/2012). Die Teilnehmer sind Personen mittleren Alters, eher korpulente, keinem Heldenideal entsprechende Männer, nur wenige Frauen; jahreszeitlich tragen die Männer Baseballmützen, Polohemden und Hosen unterschiedlicher Farbe – keine rechte Modemarke –, die Frauen Sommerkleider und -hüte, fast alle haben ihre Augen durch eine Sonnenbrille verdeckt oder gegen die Sonne geschützt. Ohne die Transparente würden diese Personen im Straßenbild nicht auffallen.

Das Ritual wird nicht spontan, sondern geplant und vorbereitet aufgeführt wie eine Bühnenhandlung. Für Zuschauer (Passanten) sichtbar sind die Akteure, während die »Ritualmacher« (GENGNAGEL / SCHWEDLER 2013) als Helfer und Organisatoren zumeist unsichtbar bleiben. Zum vereinbarten Zeitpunkt (Anfangsmarkierung des rituellen Rahmens) kommen die Teilnehmer einzeln zum Ausgangsort. Dafür haben sie ihre Alltagsordnung suspendiert und die Grenze zum Außeralltäglichen überschritten, indem sie sich von bürgerlichen Individuen mit unterschiedlichem Sozialstatus zu gleichwertigen Ritualakteuren verwandelt haben. Sie formieren sich zur komplexitätsreduzierten, programmatisch orientierten »wertexpliziten« Ritualgemeinschaft, die sich nach Beendigung des Rituals auflöst (Schließung des Rahmens). Als Teil der Gemeinschaft sind die Ritualakteure nicht allein, tendenziell haben Rituale eine therapeutische Funktion.[16] Anforderungen aus Beruf und sozialem Status wie individuelles Profilierungs- und Konkurrenzverhalten spielen für die Dauer des Rituals keine Rolle, was Rechtsextreme als Aufschein der erstrebten ›Ausrichtung‹ und ›Gleichschaltung‹ deuten könnten. In bestimmter Ordnung bewegen sie sich über eine vorab festgelegte und genehmigte Route (Benutzung der Fahrbahn) zu einer Berliner Moschee als Ziel. So wird der öffentliche zum programmatischen Raum, zum Erinnerungsträger des historischen Ereignisses ›antiislamische Demonstration‹. Diese Besetzung von Straßen und Plätzen verweist auf nationalsozialistische Traditionen.

---

16. »Die Gemeinsamkeit der großen Kundgebung aber stärkt nicht nur den einzelnen, sondern sie verbindet auch und hilft mit, Korpsgeist zu erzeugen.« (HITLER 1933, 536).

Man hielt es in bürgerlichen Kreisen für unfein und wenig vornehm, auf die Straße zu gehen und für politische Ideale zu demonstrieren und einzutreten. Die Straße aber ist nun einmal das Charakteristikum der modernen Politik. Wer die Straße erobern kann, der kann auch die Massen erobern; und wer die Massen erobert, der erobert damit den Staat. Auf die Dauer imponiert dem Mann aus dem Volk nur die Entfaltung von Kraft und Disziplin. Eine gute Idee, mit richtigen Mitteln verfochten und mit der nötigen Energie durchgesetzt, wird auf die Dauer immer die breiten Massen gewinnen. (GOEBBELS 1938, 86)

Während des Rituals befinden sich die Akteure in einer Übergangssituation – Straße als neutraler Funktionsraum – von der alten Ordnung (Alltag, Zuhause, privater Innenraum) hin zur neuen Ordnung, die durch das Ritual symbolisch entworfen, aber nicht erreicht wird. Indem sie sich als Ritualgemeinschaft präsentieren, repräsentieren sie den politischen Anspruch, Deutschland nicht zum Einwanderungsland werden zu lassen.

Zugleich bekennen sie sich zu ihrer Formation, die durch das Ritual unterstützt wird und selbst Teil des gesamtgesellschaftlichen Systems ist, also im Verhältnis der Anerkennung, Konkurrenz, Opposition oder Ignorierung zu anderen (Teil-)Systemen steht. Rituelles Handeln, das durch die systemische und situative Koordinate definiert ist, erweist sich als prioritär selbstreferenziell, indem es die Polarität von ›wir‹ und ›sie‹ generiert. Die Ritualakteure machen sich einen Namen, indem sie ihrer ›Kameradschaft‹ durch die Verkörperung von deren ›Werten‹ einen Namen machen. Rituelle Praxisformen scheinen daher unverzichtbare politische Handlungsinstrumente für Rechtsextreme zu sein, die über keine kodifizierte Programmatik verfügen. Zudem mögen sie sich auf Goebbels' Anweisungen für den politischen »Tageskampf« berufen, dass »revolutionäre Bewegungen [...] nicht von großen Schriftstellern, sondern von großen Rednern gemacht« werden (GOEBBELS 1938, 18). In der Gegenwart fehlt weitgehend ein kulturell-literarischer Diskurs zu Geschichte, Kultur und Ethnologie oder Volkskunde des eigenen ›Volkes‹, von dem Rechtsextreme den ›Anschluss‹ neuer Interessenten erwarten könnten.[17]

---

17. Vor allem seit Gründung des Deutschen Reichs 1871 bis 1933 werden ›germanische‹ Traditionen, Ursprungskonstruktionen, nationale Heldenmythen (z. B. Hermann/Arminius, Siegfried und Hagen, Gotenkönige), neuheidnische Religionssysteme, ›mittelalterliche‹ Bräuche und Feste entworfen, entsprechende Organisationen (z. B. Thule-Gesellschaft,

Die Wirkung von Ritualen beruht auf dem modalen Gestus symbolischen Handelns, der etwas sichtbar bzw. präsent macht, das in der Handlungssituation nicht sichtbar ist. Man will etwas erreichen, indem man etwas anderes ausführt. Eine symbolische Handlung wie eine Demonstration macht – unterstützt durch Plakate und Parolen – das Damals und Dort wie das Künftig als Referenzphasen im Hier und Jetzt präsent. In der Sichtbarkeit des Rituals verbirgt sich dessen symbolische Referenz, auf deren Vergegenwärtigung es ankommt. Wer im alltäglichen Straßenbild Kleidungsstücke trägt, die durch Marke oder Zahlencode als zugehörig zur rechten Szene markiert sind, vergegenwärtigt qua Kleidung seine politische Position. So transzendiert rituelles Handeln die jeweilige Situation und bringt Neues hervor, indem es getrennte Bereiche verbindet und Handlungssituationen im Namen eines höchsten Werts begründet.

Für den, der sich erstmals im Namen der rechtsextremen Formation exponiert, geht es um Bewährung und Aufnahme (Initiation), er hat die Grenze zwischen bürgerlicher Anonymität und Sicherheit sowie immer möglicher Wiedererkennbarkeit als zugehörig zur rechten Szene überschritten. Er ist nach dem Ritual ein anderer geworden, als er vorher gewesen ist (rituelle Neugeburt), was die transformierende Macht von Ritualen belegt. Wer eine Grenze überschreitet, lässt etwas zurück und erhält Neues. Er ist rituell markiert, aber durch Videoaufzeichnungen auch juristisch zu identifizieren.

Das antiislamische Ritual scheint ins Zentrum rechtsextremer Programmatik zu führen, der Herstellung kultureller Reinheit durch die Aufhebung und Verhinderung von Vermischung, die Rechtsextremen als zentrales Problem gilt. Sie gehen von der – sachlich unhaltbaren – Behauptung einer rein germanischen Kultur als Ursprungssituation aus, die frei gewesen sei von Einflüssen ›fremder Völker und Stämme‹ und die es zum ›Heil‹ des heutigen Deutschland wiederherzustellen gelte. Eine bis zum Ursprung lückenlos konstruierte Genealogie als kultu-

---

Artamanen-Bund) gegründet, um eine einheitliche nationale Kultur in der Gegenwart als Rückprojektion einer zuvor hergestellten Ursprungskonstruktion zu propagieren, wovon Rechtsextreme profitieren konnten (vgl. KIPPER 2002). Diese Traditionen haben Intellektuelle wie Ernst Jünger, Gottfried Benn, Martin Heidegger zumindest zeitweise unterstützt.

reller Wert soll den Anspruch auf politische Deutungsmacht legitimieren.[18] Es geht um »die Erfindung einer Tradition« (Eric Hobsbawm) als Machtfaktor, deren Struktur die am nationalsozialistischen Rassismus orientierte Exklusionslogik der binären Gestaltungsformel ›entweder oder‹ bildet. Möglichkeitsprinzip (›es könnte auch anders sein‹) und diskursive Aushandlung (Kompromisslösung) sind trotz der toleranten Fassade ›Ethnopluralismus‹ (›jedem Volk sein Land‹) nicht vorgesehen.

Wenn der Ursprung wiederhergestellt werden soll, dann ist das Neue das ganz Alte, dem seit den Anfängen der Status zivilisatorischer ›Entartung‹ anhafte, was seine Wiederherstellung – freilich unter Ausschluss dieser Depravation – gerade bedinge. So entpuppt sich die Denkfigur vom Neuen als wieder zu holendem Ursprung keineswegs als Topos des Heils, sondern als einer der Bedrohung der Gegenwart: Das, was man hat und kennt, soll man aufgeben, ohne zu wissen, was an dessen Stelle rückt. Das rechtsextreme Neue erschöpft sich in Prozessen gesellschaftlicher Deprivation wie Entmischung, Entpluralisierung, Entindividualisierung, d. h. in der Beschneidung individueller Lebens- als sozialer Wahlmöglichkeiten. Zu erkennen ist das rechtsextreme Leitbild scheinbarer Einfachheit und Übersichtlichkeit. In seinen *Minima Moralia* (1951) schreibt ADORNO:

Das Neue, eine Leerstelle des Bewußtseins, gleichsam geschlossenen Auges erwartet, scheint die Formel, unter der dem Grauen und der Verzweiflung Reizwert abgewonnen wird. Sie macht das Böse zur Blume ⟨ADORNO 2001, 455⟩.

Daraus folgt der Zwang zur permanenten Wieder-Holung[19] des interessenfundierten Ursprungs, weil der inszenierte Verzicht auf unüber-

---

18. Dass es sich dabei um eine willkürliche politisch bedingte historische Konstruktion handelt, zeigt GOLLUB 1937: »Es ist eine der großen Zeiten geistiger Wende. Wir sind daran gegangen, durch die Schuttschicht eines Jahrtausends zu unseren Ursprüngen zurückzukehren. Wir suchen in der Geschichte unseres Volkes jene unverborgenen, sich gegen Orient und lateinische Welt auflehnenden Kräfte, deren Kampf wir zu vollenden haben. (V) [...] Die Aufgabe [...] ist die germanische Geschichte unserer Heimat Schlesien« (VII).

19. ADORNO 2001, 458f., spricht im Zusammenhang mit dem Neuen vom »Wiederholungszwang«. »Zweideutig ist das Neue seit seiner Inthronisierung. Während in ihm alles sich verbindet, was über die Einheit des immer starrer Bestehenden hinausdrängt, ist es die Absorption durchs Neue zugleich, die unterm Druck jener Reinheit den Zerfall

sichtlich Neues die rechtsextreme absolute Wahrheit des Eigenen schützen soll.

Die faktisch aussichtslose Forderung nach Ausweisung von Asylbewerbern und Migranten[20] scheint in ihrer rituellen Sichtbarmachung zum symbolischen Sieg verkehrt zu sein, weil sie mit der Perspektive auf Realisierung präsentiert werden kann und vorgibt, den Wechsel des politischen Systems 1945 und seines Ritualsystems rückgängig zu machen, um so die seitdem bestehende ›Übergangsphase‹ zu beenden. Das Bild vom Übergang mag die Aussichtslosigkeit kompensieren, indem es die Ereignishaftigkeit der rituell präsentierten Forderung als Vorgriff auf die endgültige politische Ordnung anbietet, deren Erreichen so offenbleibt. Allerdings steht dem Denkmuster ›entweder oder‹ die von den Gegendemonstranten verkörperte Denkfigur ›sowohl als auch‹ mit dem Bekenntnis zu Inklusion, Solidarität und aktiver Toleranz gegenüber.

2.2 ›Kameradschaft‹

In der *Frankfurter Allgemeinen Zeitung* vom 6. Oktober 2012 berichtet im Sportteil ein ganzseitiger Artikel zum Thema Rechtsextremismus und Fußball von einem Auftritt des verbotenen ›Nationalen Widerstands Dortmund‹ (NWDO) im August 2012[21] im Stadion von Borussia Dortmund, bei dem ein Transparent mit der Aufschrift »Solidarität mit dem NWDO« gezeigt wird. Mitte September beim Spiel Dortmunds gegen den HSV ist im Hamburger Stadion ein »Banner« installiert: »30 Jahre Borussenfront Dortmund. Ein Mythos stirbt nie«.[22] Abgebildet ist das blau-weiß-rote, schwarz umrandete Wappen der Borussenfront mit schwarzem Keltenkreuz im zentralen weißen Feld, darüber

---

des Subjekts in konvulsivische Augenblicke, in denen es zu leben wähnt, entscheidend befördert, und damit schließlich die totale Gesellschaft, die neumodisch das Neue austreibt.«

20. Dagegen rühmt Tacitus in seiner *Germania* die moralische Pflicht der Germanen zur Gastfreundschaft.
21. Gleichzeitig sind die ›Kameradschaft Hamm‹ und die ›Kameradschaft Aachener Land‹ vom nordrhein-westfälischen Innenministerium verboten worden.
22. HORENI / SUNDERMEYER, Frankfurter Allgemeine Zeitung Nr. 233, 6. Oktober 2012, S. 28.

steht in Fraktur ›Borussenfront‹, wobei das Doppel-s nicht die Form der doppelten Sig-Rune hat, darunter ebenfalls in Fraktur ›Dortmund‹. Im Stadion sind während der Fußballspiele »Nazisymbole nicht zu entdecken, kein Hitlergruß, nichts, was strafbar sein könnte«.[23]

Dieses Beispiel erschließt die Struktur rechtsextremen Gemeinschaftsdenkens. Mit Kamerad/Kameradschaft wird auf nationalsozialistisch besetzte Begriffe zurückgegriffen, die als Scheidemünze für ›wir‹ und ›sie‹ fungieren.

> Kamerad [fr.], ursprüngl. Stubengenosse; dann einfach Gleichgestellter (als Soldat, Arbeiter usw.); durch das Kameradschaftserlebnis des Weltkriegs zum Begriff der Schicksalsgemeinschaft, im Kampf des Nationalsozialismus Ausdruck der Verbundenheit auf Leben und Tod im Dienste der Idee geworden, des Verschworenseins auf Kampf, Werk u. Wille des Führers, auf Deutschland und die Zukunft des deutschen Volkes.
>
> Kameradschaft, Gliederung der Hitlerjugend. ⟨DOLLHEIMER 1938, 741⟩

Wer einen anderen Kamerad nennt, sich selbst Kamerad nennen lässt oder zu einer Kameradschaft gehört, macht sich gleich, verzichtet auf Privatheit und Individualität. Kameraden ordnen sich ihrem ›Führer‹ unter, erhalten dafür die Gleichheit mit den vielen, gehören zur ausgerichteten Gemeinschaft. Sie haben nichts voreinander zu verbergen, weil keiner etwas hat, was die anderen nicht auch haben. Dennoch behalten sie die Verantwortung für die Taten des Kollektivs, an denen sie beteiligt waren.

Beide Begriffe weisen auf die Perspektive der ›gleichgeschalteten Volksgemeinschaft‹ und offenbaren deren Filterfunktion: Ein Kamerad ist zugehörig, gleich und austauschbar, es gibt nur ›gute Kameraden‹, wer kein Kamerad sein kann oder will, ist nicht gleich, sondern von minderem Wert, er gehört nicht dazu. Von Kameradschaft kann man sich nur um den Preis frei machen, als Verräter zu gelten. Im Stück 123 »Der böse Kamerad« aus den *Minima Moralia* berichtet ADORNO von seinen antisemitischen Klassenkameraden, die ihn ausschließen und so auf den ›Faschismus‹ vorbereiten, lange bevor dieser an die Macht kam.

---

23. Ebd.

Eigentlich müßte ich den Faschismus aus der Erinnerung meiner Kindheit ableiten können. Wie ein Eroberer in fernste Provinzen, hatte er dorthin seine Sendboten vorausgeschickt, längst ehe er einzog: meine Schulkameraden. ⟨ADORNO 2001, 365⟩

2.3 Fraktur

Als Referenz aufs »Dritte Reich« dient den Rechtsextremen auch die Verwendung der Fraktur-Schrift auf Plakaten und Aufschriften bei rituellen Handlungen. Dazu heißt es im Lexikon von 1938:

> Fraktur. Gebrochene Schrift, Bruchschrift, eine Druckschrift, die 1513 erstmals erschien und sich nach der gotischen und Schwabacher Schrift entwickelte. Sie wird hauptsächlich im deutschen Sprachgbiet (Deutsche Schrift) gebraucht. Anfangs war sie auch nach Norden und Osten vorgedrungen, wurde aber dort wieder von der Altschrift (Antiqua) verdrängt. Der Nationalsozialismus kämpfte für die stärkere Benutzung der Fraktur; seit 1933 darf im Grundschulunterricht nicht mehr die Antiqua als Leseschrift begonnen werden ⟨DOLLHEIMER 1938, 483⟩

In einem Handbuch zur Bibliophilie aus dem Jahr 2001 heißt es zur Fraktur-Schrift:

Eine Gruppe innerhalb der gebrochenen Schriften, die im 16. Jh. entstand. Die Fraktur war in ganz Europa verbreitet. Im Laufe des 16./17. Jh. beschränkte sich ihre Anwendung aber immer mehr auf den deutschen Sprachraum und Skandinavien. In der Zeit der deutschen Klassik im ausgehenden 18. Jh. gab es einen heftigen Fraktur-Antiqua-Streit, in die die der ästhetischen Moderne, d. h. dem Klassizismus zugeneigten Befürworter der Antiqua den den vertrauten Lesegewohnheiten zugeneigten Frakturanhängern gegenüberstanden. So war Schiller positiv gegenüber der Antiqua, wohingegen Goethe im Blick auf die Leser eindeutig für die Fraktur bei der Ausgabe seiner Werke votierte. Im wissenschaftlichen Satz setzte sich im 19. Jh. immer mehr die Antiqua durch. Es ist Ironie der Geschichte, daß ausgerechnet die häufig als »deutsche Schrift« angesehene Fraktur durch einen Erlaß der Reichsregierung 1943 verboten worden ist und nach dem Krieg nie wieder eine nennenswerte Neubelebung erfuhr. Man kann die Fraktur, von vereinzelten Bemühungen von Buchkünstlern und Buchgestaltern abgesehen, heute nur noch als historische Schrift ansehen. Es bedarf nur sehr geringfügiger Übung, um sich in Frakturschrift einzulesen, obwohl junge Menschen heute nicht selten davor zurückschrecken. ⟨LUCIUS 2001, 216f.⟩

So favorisieren die heutigen Rechtsextremen eine Schrift als ursprünglich deutsch, die in ihrer Referenzphase des ›Dritten Reichs‹ endgültig verboten wurde.

2.4 ›Helden‹

Aus München wird von einer Auseinandersetzung über die Teilnahme der »Burschenschaft Cimbria [...] an der offiziellen Feier zum Volkstrauertag« berichtet.[24] Der Artikel informiert über die rechte Ausrichtung burschenschaftlicher Dach- und einzelner Mitgliederorganisationen. So habe die Cimbria

> die Veranstaltung zum Volkstrauertag [2011] auf ihrer Homepage als »Heldengedenken« angekündigt [und] sich damit nationalsozialistischer Diktion [bedient]. Auch Mitglieder der umstrittenen Ordensgemeinschaft der Ritterkreuzträger waren [2011] dabei, [die] einen Kranz [...] mit einer Schleife in Schwarz-Weiß-Rot, den auch von den Nationalsozialisten verwendeten Kaiserfarben

niedergelegt hätten 〈KRASS〉. Ordensgemeinschaft und Cimbria seien vom Volksbund Deutsche Kriegsgräberfürsorge offiziell zur Gedenkfeier eingeladen worden.

Dieser Beleg erschließt den Komplex des nationalsozialistischen Mythos vom germanisch-deutschen Helden als Inbegriff des Männlichkeitsideals »der nordisch-germanischen Rasse«.

> Held, der außerordentliche Mensch, dessen kämpferische Haltung u. ritterliche Art jedes Schicksal zu bezwingen sucht. Heldische Gesinnung ist eins der wesentlichsten Merkmale der nordisch-germanischen Rasse. Von den H. der germanischen Vorzeit u. des Ma. [Mittelalters] erzählt die Heldensage. 〈DOLLHEIMER 1938, 635〉

Der »Heldengedenktag« war am »5. Sonntag vor Ostern« 〈ebd., 448〉.

3. Symbole

Ein Artikel in der Wochenzeitschrift *Das Parlament* zum möglichen Verbotsantrag der NPD ist mit dem Rückenfoto eines Demonstran-

---

24. Süddeutsche Zeitung, 11. November 2013.

ten (Frankfurt/Oder, November 2012) illustriert. Zu sehen sind Glatze, Brillenbügel, unterschiedliche Ohrringe in beiden Ohren, schwarzer Pullover mit roter Kapuze und dem Aufdruck in weiß umrandeten roten Buchstaben – also Kombination schwarz-weiß-rot: »BRD ist uns völlig gleich. Unsere Heimat ist das Deutsche Reich!«[25] Offenbleibt, welches Deutsche Reich gemeint ist, das von 1937, von vor 1918 oder eine frühere Ausprägung. Nicht offen ist der revisionistische Gestus dieses Bekenntnisses. Die Ablehnung der Bundesrepublik als deutscher Staat und Heimat verrät das Kürzel »BRD«, das vor allem in der Gegenüberstellung mit dem Kürzel DDR tabuisiert war. Wer in den 60er- und 70er-Jahren dieses Kürzel gebrauchte, fiel wegen seiner vermeintlich linken Einstellung auf. Dass dieses Kürzel nun von Rechtsextremen verwendet wird, weist auf deren Übernahme linker Positionen hin. »Deutsches Reich« ist in Fraktur und größeren Schrifttypen als der übrige Text gedruckt.

Für Vertreter rechtsextremer Formationen ist die Präsentation der immer gleichen Symbole, Formen und Körperinszenierungen als Wiedererkennungswert prioritär. So werden die Namen von rechten Bands häufig in Wappenform gestaltet, d. h. in einem in Symbolfarben markierten, in Segmente geteilten Feld in Kreisform wie das von der SS erfundene Symbol der Schwarzen Sonne (vgl. SÜNNER 1999), die Scheibe mit gekreuztem Schwert (Soldat) und Hammer (Arbeiter) im »Dritten Reich« von der Hitlerjugend verwendet, das Zahnrad, das im »Dritten Reich« mit einem Hakenkreuz im Innern Symbol der Deutschen Arbeitsfront war. Heute wird das Zahnrad zur Erinnerung an das »Dritte Reich« von »der NPD [Kürzel NPD im Innern] und von der Band »Faustrecht« verwendet (BAUER / MERNYI 2010, 45). Daneben setzt die NPD ihr Kürzel auch in einen mit goldenem Eichenlaub umrandeten Kreis, womit sie die politische Symbolik der Eiche im »Dritten Reich« aufnimmt.

Die Eiche, der heilige Baum des Donar, ist dem Deutschen wie auch andern germanischen Völkern Sinnbild der Kraft, sie wird als Erinnerungsbaum gepflanzt; deutscher Nationalbaum ist ursprünglich jedoch nicht die Eiche, sondern die Linde. (DOLLHEIMER 1938, 379)

---

25. Das Parlament Nr. 6/7, 4. Februar 2013.

In der Form des Siegerkranzes suggeriert der Eichenkranz die Abgrenzung einer germanischen Tradition vom Lorbeerkranz als antikem Siegeszeichen. Er wird zum kulturellen Distinktionsmerkmal. Auch halbrunde Namengestaltungen rechtsextremer Gruppen mit darunter angebrachten Symbolen wie gekreuzten Gewehren sind nicht selten. Hinzu kommt die Verwendung verbotener nationalsozialistischer Symbole aus Protest und Provokation, so führt Jonathan Meese unter Berufung auf die Kunstfreiheit den verbotenen Hitlergruß[26] öffentlich auf, auch bei Auseinandersetzungen um das Asylbewerberheim Berlin-Hellersdorf wird er gezeigt, in Griechenland[27] wird wegen der Sparpolitik der EU gegen Bundeskanzlerin Merkel 2012 in Wehrmachtsuniform, mit Hitlermasken und Hitlergruß protestiert. Öffentlich geäußerte Vergleiche mit Personen, Einrichtungen oder Aktivitäten des »Dritten Reichs« haben in der Regel Entschuldigungen, Richtigstellungen oder Dementi zur Folge.[28]

4. Rudolf-Heß-Gedenkmarsch

Obwohl mit dem Gedenkmarsch zum Grab von Rudolf Heß eine rituelle Tradition (Heß als Funktionär des NS nun als Orientierungsfigur für die Lösung von Gegenwartsproblemen) erfunden werden soll, knüpfen die Rechtsextremen damit an eine zentrale Ritualform und -funktion nicht

---

26. Die als Hitlergruß bekannte Geste heißt im Nationalsozialismus »Deutscher Gruß« und hat einen germanischen Ursprung: »nach dem alten Gruß der freien Germanen von den Nationalsozialisten eingeführte Grußform, bestehend im Erheben des gestreckten rechten Armes bis in Augenhöhe, begleitet von den Worten ›Heil Hitler!‹« (DOLLHEIMER 1938, 318).
27. »Wer wollte, bekam am Dienstag in Athen die bekannten Bilder zu sehen. Auf dem Syntagma-Platz wehten Naziflaggen, saßen Männer in SS-Uniformen auf Jeeps, wurde Kanzlerin Merkel auf bunten Plakaten beschimpft.« (THUMANN 2012).
28. »Finanzminister Wolfgang Schäuble (CDU) hat mit einer Parallele zwischen der russischen Ukraine-Politik und der Nazi-Deutschlands gegenüber der Tschechoslowakei 1938 für Irritationen gesorgt. ›Das kennen wir alles aus der Geschichte. Mit solchen Methoden hat schon der Hitler das Sudetenland übernommen – und vieles andere mehr‹, sagte Schäuble am Montag vor Berliner Schülern mit Blick auf eine mögliche Eskalation der Krise durch die russische Regierung. [...] Schäuble ließ später der Interpretation entgegentreten, er habe Russland mit dem Dritten Reich und Wladimir Putin mit Hitler verglichen.« (Süddeutsche Zeitung Nr. 76, 1. April 2014, 1: »Schäuble irritiert mit historischem Vergleich« NIF, DBR).

nur des »Dritten Reichs« an. Es geht um die rituelle Grundform der Prozession und die rituellen Funktionen der Ehrung und des Gedenkens Toter, die im »Dritten Reich« hohe Priorität hatten und das Ritual ›Marsch auf die Feldherrnhalle‹ zur Erinnerung an den gescheiterten Hitler-Putsch vom 9. November 1923 und zum Gedenken an die dabei gefallenen 16 ›Kameraden‹ ⟨DÜCKER 2008, 361-376⟩ fundieren. Es hat geradezu den Rang eines Gründungsmythos der ›neuen Zeit‹ und gilt als Höhepunkt im nationalsozialistischen Feierkalender. Im Gedenk- und Erinnerungsritual stellt eine Gegenwart eine produktive Beziehung zu historischen Ereigniskomplexen her, indem diese auf einer symbolischen Ebene für die Legitimation und Gestaltung der Gegenwart funktionalisiert werden. Es ergibt sich ein Verhältnis von Urbild und Abbild.

Der erste Heß-Gedenkmarsch findet ein Jahr nach dem Tod von Rudolf Heß (17. August 1987) im August 1988 in Wunsiedel statt, von 1991 bis 2000 sind die Veranstaltungen dort verboten und werden an anderen Orten, auch im Ausland, durchgeführt, seit 2001 mit steigenden Teilnehmerzahlen wieder in Wunsiedel. Wenn DÖRFLER / KLÄRNER ⟨2004, 77⟩ vom »Versuch einer Ritualbildung« sprechen, so handelt es sich in der Tat um ein Ritual. Die Verfasser deuten dessen Funktion mit dem Begriff »nationalistisches Phantasma« ⟨79⟩, was sie als Versprechen »einer Art nationalistische[n] Zukunftsentwurf[s]« ⟨81⟩ verstehen, der nur als Skizze zu haben sei, was meiner Deutung rechtsextremer Rituale als Praxisformen einer Übergangsphase entspricht, wobei das Ziel nur im Status des Auf- oder Vorscheins, aber als offen und langfristig erreichbar gezeigt wird. DÖRFLER / KLÄRNER unterscheiden folgende Sequenzen ⟨74-91⟩: Treffen am Ausgangspunkt, Begrüßungsrede(n)/ Dank, Musik, zentrale Ansprache, Aufstellung, Gedenkmarsch vorbei an konstitutiven Orten des Erinnerns und zurück zum Ausgangspunkt, Abschiedsrede(n), Musik. Dieser Aufbau entspricht insgesamt dem seines Urbilds (»Marsch auf die Feldherrnhalle«), bei dem es auf die Umgehung des Raums ankam, der für die Entstehung der nationalsozialistischen Bewegung als konstitutiv galt. In beiden Ritualen wird die Sichtbarkeit des Bewegungsablaufs unterstützt durch den musikalischen Anteil und die Reden. Sowohl in den Liedtexten als auch in den Reden erkennen DÖRFLER / KLÄRNER als zentral die Hinweise auf den sicheren Erfolg in unbestimmter Zukunft. Heß wird mit seinem

»Englandflug« (10. Mai 1941) vorgestellt, dessen für England inakzeptable Friedensbedingungen die Verfasser erläutern ⟨74⟩. Dass Heß als »Stellvertreter des Führers« zu den höchsten Entscheidungsträgern des »Dritten Reichs« gehörte, spielt in den Reden keine Rolle. Der wesentliche Unterschied zwischen dem Gedenkmarsch und seinem Urbild betrifft das Design der Rituale: Da das historische Ritual abends von einer siegreichen ›Bewegung‹ aufgeführt wird, sind die Straßen aufwendig mit Fackeln und anderen Beleuchtungsmitteln dekoriert, die in großer Zahl Spalier stehenden Zuschauer in Festtagskleidung und -stimmung, wird in den Reden auf die erfolgreichen Vorbereitungen des Sieges zurück- und die daraus folgenden Verpflichtungen vorausgeblickt. Ob und wie ein Ritual aufgeführt wird, kann als Indikator eines Krisensymptoms gelten.[29]

4.1 Sonnenwendfeiern

Auch für die bei Neonazis und Rechtsextremen beliebten Rituale der Sommersonnenwende (21./22. Juni) gibt es detaillierte nationalsozialistische Vorlagen. Zentrum dieses nichtchristlichen, ›uralten‹ »germanischen Volksfest[es]«[30] ist die Verehrung der Sonne als Spenderin alles Lebens durch das Sonnwendfeuer, Tänze zur Förderung der Gemeinschaft, entsprechende Gesänge – in der Gegenwart ›rechte‹ Musik – und ›heilige‹ Sprüche, häufig als Dialoge zwischen Sprecher und Gruppe. In diesem Zusammenhang spielt die Berufung auf die Externsteine als mutmaßliches Sonnenheiligtum eine zentrale Rolle wie auch auf die ›Kultanlage‹ von Stonehenge und die Himmelsscheibe von Nebra.

---

29. Beim »Marsch auf Feldherrnhalle« 1939 verlässt Hitler die Veranstaltung früher als üblich und entgeht so dem »Bürgerbräu-Attentat«; weil der Bürgerbräukeller nicht aufgebaut wird, hält er von 1940 bis 1943 seine Reden im Löwenbräukeller, seit 1939 findet aus Sicherheitsgründen kein Gedenkmarsch mehr statt, 1943 hält Hitler seine Rede schon am Nachmittag, 1944 verliest Himmler Hitlers Rede über den Rundfunk. Hitlers Präsenz wird immer kürzer und nicht angekündigt, was in der Öffentlichkeit als Krisensymptom gilt ⟨vgl. DÜCKER 2008⟩.
30. »Sonnenwendfest, Sonnwendfeier, german. Volksfest mit vielen Bräuchen (Feuer, Feuerrad), wurde durch das Christentum zur Johannisnacht umgewandelt.« ⟨DOLLHEIMER 1938, 1402⟩

Wir feiern den Sieg der Sonne, die uns erhält und nährt und deren Lauf in der großen göttlichen Lebensordnung eingeschlossen liegt. Wir feiern mit ihm auch den Sinn unserer Bewegung, die im heiligen Zeichen des Sonnenlaufes über die Nacht siegte und die unser Volk aus dem Dunkel des Vergangenen zum Lichte führte. Wir wollen uns dem alten Brauch der Väter folgend um das Feuer sammeln. Es ist das Sinnbild des Sonnensieges, es ist daher auch die Flamme unserer volksverbundenen Seele und steht darum im Mittelpunkt unserer Sonnenwendfeier. ⟨Sommersonnenwende 1934, 3⟩

Auch der Vollzug dieses Rituals schließt ein Bekenntnis »zum Nationalsozialismus als der totalen Revolution der deutschen Volksseele [und zu] Volkstum und Heimat« ein ⟨3⟩.

4.2 Symbolorte

Durch besondere Bedeutungen für Personen oder Ereignisse erhalten Orte symbolische Funktionen als Erinnerungsorte, was u. a. für das Geburtshaus Hitlers in Braunau und die Grabstätte seiner Eltern in Leonding zutrifft. Vor allem zum Geburtstag Hitlers am 20. April werden beide Orte von Sympathisanten aufgesucht, um hier am authentischen Ort nach dem Ritualmuster der religiösen Wallfahrt – ausschließlicher Reisezweck Besuch des ›heiligen‹ Orts – sowohl Erfahrungen von Bestätigung und Motivation der eigenen Überzeugung durch die intensive Nähe zur Referenzperson zu machen als auch deren Bedeutung und die des Ortes für die Geschichte aufzuwerten. Die Besucher erwarten, nach dem Besuch andere geworden zu sein, als sie vorher gewesen sind. Obwohl das Elterngrab 2012 aufgehoben wurde, haben sich Formen des ›Führerkults‹ an der nun leeren Stelle (brennende Kerzen, Blumen) zum 20. April erhalten ⟨CADENBACH / KRANZLER 2013⟩.

5. Schluss

Aus den Medienberichten vom Strafprozess gegen den NSU wegen Mehrfachmordes erhält die Öffentlichkeit das Bild einer Verhandlungsserie, die den prozessrechtlichen Anforderungen in jeder Hinsicht genügt. Tatrelevante Details werden umfassend erhoben, eine grundsätzliche Auseinandersetzung über Rechtsextremismus als gesellschaftliches Phänomen kann vom Gericht nicht geleistet werden. So stellt sich die Frage, ob Morde und Opfer hätten als ›Spuren‹ gelesen werden können, als sichtbare Zeichen, die auf etwas verweisen, das nicht sichtbar ist? Hätte eine symbolische Dimension erkennbar, fahndungs- und ermittlungstechnisch hilfreich sein können?

Fragt man nach Ritualitätsmerkmalen der NSU-Morde, so fallen die Wiederholungen der Tatabläufe und deren dadurch von den Tätern der Öffentlichkeit womöglich nahe gelegte Wiedererkennbarkeit als Ausdruck programmatischer Serialität auf. Es waren keine Raubmorde, die Opfer öffentlich nicht hervor getretene Kleinhändler mit Migrationshintergrund, deren Läden in als sicher geltenden Stadtbezirken lagen. Es gab weder Bekenner- noch Drohbriefe und auch keine Versuche späterer Kontaktnahme der Täter mit den Hinterbliebenen. Auch persönliche Feindschaften konnten ausgeschlossen werden. Gerade die Tatsache, dass die Opfer als Individuen offenbar zufällig waren und sie nur als Repräsentanten einer bestimmten Gruppe zählten, hätte die Hypothese der Inszenierung eines programmatischen Zusammenhangs (Morde als Serie rechtsextremer Gewaltrituale) hervorrufen können. Die an den Tatorten für die Opfer eingerichteten Erinnerungs- und Trauerstätten dienen als Orte von Gedenkritualen dauernder Mahnung und Aufmerksamkeit gegenüber rechtsextremen rituellen Praxisformen.

Literatur

ADORNO, THEODOR W. (2001): Minima Moralia. (1951) Frankfurt am Main, Suhrkamp.

BAUER, CHRISTA / MERNYI, WILLI (2010): Rechtsextrem. Hrsg. MAUTHAUSEN KOMITEE. Wien: Verlag des Österreichischen Gewerkschaftsbundes.

CADENBACH, CHRISTOPH / PAUL KRANZLER (2013): Die Erinnerungslücke. In: SZ Magazin Nr. 25, 21. Juni.

DÖRFLER, THOMAS / KLÄRNER, ANDREAS (2004): Der »Rudolf-Heß-Gedenkmarsch« in Wunsiedel. Rekonstruktion eines nationalistischen Phantasmas. In: Mittelweg 36. H. 4, 74–91. Hamburger Institut für Sozialforschung.

Dollheimers Großes Buch des Wissens in zwei Bänden (1938). Leipzig: Dollheimer.

DÜCKER, BURCKHARD (2013): Ritualisierung. In: BROSIUS, CHRISTIANE / MICHAELS, AXEL / SCHRODE, PAULA (Hrsg.): Ritual und Ritualdynamik. Göttingen, Vandenhoeck & Ruprecht, 151-158.

DÜCKER, BURCKHARD (2011): Ritualitätsformen von Gastlichkeit. In: Wierlacher, Alois (Hrsg.): Gastlichkeit. Rahmenthema der Kulinaristik. Berlin: LIT, 56-81.

DÜCKER, BURCKHARD (2008): Politische Rituale als Bewegungen im öffentlichen Raum. In: GENGNAGEL, JÖRG / HORSTMANN, MONIKA / SCHWEDLER, GERALD (Hrsg.): Prozessionen, Wallfahrten, Aufmärsche. Köln / Weimar / Wien: Böhlau, 361-376.

DÜCKER, BURCKHARD (2007): Rituale. Formen Funktionen Geschichte. Stuttgart: Metzler.

DÜCKER, BURCKHARD (2006): Fackelzüge als akademische Rituale. In: Zeitschrift für Literaturwissenschaft und Linguistik (LiLi) Jg. 36, H. 144, Dezember, 105-128.

GOEBBELS, JOSEPH (1934): Kampf um Berlin. München (1938): Franz Eher.

GOLLUB, SIEGFRIED (Hrsg., 1937): Germanische Vorzeit Schlesiens. Von der Kameradschaft Studierender Vorgeschichtler der Universität Breslau. Breslau: Priebatsch.

GRUMKE, THOMAS (2009): Rechtsextremismus in Deutschland. Begriff – Ideologie – Struktur. In: GLASER, STEFAN / PFEIFFER, THOMAS (Hrsg.): Erlebniswelt Rechtsextremismus. Schwalbach/Ts., (2. Aufl.) Wochenschau Verlag, 19-35.

HITLER, ADOLF (1933): Mein Kampf. XXXVI. Aufl. München: Franz Eher.

KIPPER, RAINER (2002): Der Germanenmythos im Deutschen Kaiserreich. Formen und Funktionen historischer Selbstthematisierung. Göttingen: Vandenhoeck & Ruprecht.

MUDDE, CAS (2014): Rechtsaußen, die Große Rezession und die Europawahlen 2014. In: ApuZ 12, Thema Europawahl 2014, Das Parlament, 16-24.

PRZYBILLA, OLAF / KASTNER, BERND (2014): Polizist gesteht. Rätsel um Nazi-Aufkleber in Mannschaftswagen gelöst. In: Süddeutsche Zeitung Nr. 118, 23. Mai, 38.

RÖPKE, ANDREA / SPEIT, ANDREAS (Hrsg., 2005): Braune Kameradschaften. Die militanten Neonazis im Schatten der NPD. Berlin: Ch. Links Verlag.

RUCHT, DIETER (2001): Protest und Protestereignisanalyse: Einleitende Bemerkungen. In: RUCHT, DIETER (Hrsg.): Protest in der Bundesrepublik. Strukturen und Entwicklungen. Frankfurt / New York: Campus, 7-25.

Sommersonnenwende, Rüstzeug zur Festgestaltung (1934). Hrsg. vom Reichs-Amt Volkstum und Heimat in der NS.-Gemeinschaft »Kraft durch Freude« in Verbindung mit dem Reichsbund Volkstum und Heimat. Berlin: Volkstum und Heimat.

SÜNNER, RÜDIGER (1999): Schwarze Sonne. Entfesselung und Mißbrauch der Mythen in Nationalsozialismus und rechter Esoterik. Freiburg / Basel/ Wien: Herder.

THEILE, CHARLOTTE (2014): Berliner Mauer. In: Süddeutsche Zeitung Nr. 71, 26. März, 3.

THUMANN, MICHAEL (2012): Besuch der kalten Dame. In: Die Zeit, Nr. 42, 11. Oktober, 7.

WAHL, KLAUS (2003): Skinheads, Neonazis, Mitläufer. Täterstudien und Prävention. Opladen: Leske + Budrich.

MARTIN LANGEBACH

Nordisch-germanische Mythologie im ›klassischen‹ RechtsRock

Die ›rechte Musikszene‹ bezeichnet kein spezifisches Genre, wie gemeinhin angenommen. Rockmusik im weiteren Sinne mit nationalistischen, ethnozentristischen, sozialdarwinistischen, antisemitischen, sexistisch-biologistischen, pro-nazistischen, eine Rechtsdiktatur befürwortenden und/oder den Nationalsozialismus verherrlichenden Texten[1] tauchte zwar zuerst in den 80er-Jahren in der Skinhead-Subkultur auf, doch spätestens in den 90er-Jahren wurden derartige Inhalte auch begleitend zu anderen musikalischen Stilen vorgetragen, von Liedermachern oder zu Heavy Metal im weiteren Sinne, zu Schlageradaptionen, zu Tekkno oder Hardcore, zu Darkwave als auch Hip-Hop. Der vorliegende Beitrag konzentriert sich auf die Verwendung der nordischen Mythologie im ›klassischen‹, einst von Skinheads geprägten RechtsRock.[2]

1. ›Klassischer‹ RechtsRock

Den größten Anteil am RechtsRock hat bis heute jener Musik, die auf den neonazistischen Skinhead-Rock zurückgeht und von seinen Prot-

---

1. Allgemein ist von solcher Musik als RechtsRock zu sprechen (vgl. DORNBUSCH / RAABE 2002). Entscheidend für die Klassifizierung ist nicht ein singulärer Text, sondern eine Verdichtung derartiger Motive in den Texten. Ausgangsbasis für die inhaltliche Bewertung ist die Rechtsextremismusdefinition von RICHARD STÖSS (2007): Rechtsextremismus im Wandel. Berlin: Friedrich-Ebert-Stiftung.
2. Fruchtbar ist es, die vorliegende Analyse zu vergleichen mit der Rezeption der nordisch-germanischen Mythologie beim rechten Rand des Darkwave bzw. des NeoFolk sowie im Black respektive Pagan Metal. Instruktiv sind dafür SPEIT 2002, DORNBUSCH / KILLGUSS 2005, LANGEBACH / KILLGUSS 2010.

agonisten oft »Rock against Communism« genannt wird. Die Wurzeln des Stils liegen im britischen Streetpunk der späten 70er-Jahre.

80 der 106 deutschen Neuveröffentlichungen deutscher (Rechts-Rock-)Bands aus 2013 können diesem Genre zugerechnet werden[3] – im Schnitt der letzten zehn Jahre jeweils 75 Prozent der Neuproduktionen. Musikalisch eint sie heute die Orientierung am gängigen Rock bzw. Hardrock in Verbindung mit einer rauen, eher gröligen Stimme und grundsätzlich auf Deutsch vorgetragenen Texten (zur Bandbreite vgl. LANGEBACH / RAABE 2015).

Die Verwendung nordisch-germanischer Motive ist von Anfang in diesem Genre angelegt, wie bspw. das Album *Hail the new Dawn* (1984) der englischen Band Skrewdriver zeigt (vgl. dazu ausführlicher RAABE 2010). Das Aufgreifen dieses Themas in Texten sowie als gestalterisches Element für die Tonträger ist oft eklektisch und speist sich aus Sagen und vermeintlichen Überlieferungen, aus der Fantasyliteratur und entsprechenden Comics, aus populärwissenschaftlicher Literatur und diversen anderen Quellen. Dies erklärt bspw., warum das Cover besagter Langspielplatte von Skrewdriver oder das der LP *Sohn aus Heldenland* (1996) der Stuttgarter Band Noie Werte Wikinger mit Hörnern an den Helmen zeigt. Dennoch steckt hinter der Verwendung derartige Motive mehr als eine schlichte Inszenierung eines ›coolen Themas‹. Die Musiker versuchen mit ihren Texten die nordische Mythologie zu revitalisieren, um ihre eigenen politischen Vorstellungen jenseitig/göttlich zu begründen bzw. zu transzendieren. Sie wirken damit in die sich bereits vor Jahren entstandene Szene um den RechtsRock hinein. Sie besteht aus Fans verschiedener musikalischer Stile mit extrem rechten Texten, die sich in lokalen oder regionalen Cliquen zusammenfinden, die hochgradig politisch kodiert sind. Übergreifend bilden sie mehr oder weniger lose Netzwerke und sind die Basis einer RechtsRock-Szene (vgl. LANGEBACH / RAABE 2011; DORNBUSCH / RAABE 2006, 49–51; DORNBUSCH / RAABE 2004, 127–131). Gemeinsam teilen sie, trotz

---

3. Insgesamt verteilten sich die Neuproduktionen deutscher RechtsRock-Bands 2013 wie folgt: 80 Titel ›klassischer‹ RechtsRock, 7 ›nationale Liedermacher‹, 12 von Interpreten des National Socialist Hard Core (NSHC), 2 mit extrem rechten Rap und 2 Sampler mit unterschiedlichsten Stilen (Quelle: Zählung und Zuordnung JAN RAABE und MARTIN LANGEBACH).

der möglicherweise unterschiedlichen musikalischen Präferenzen, eine spezifische Perspektive auf gesellschaftliche Verhältnisse sowie die Verwendung gleicher Zeichen, Symbole und Bekleidungsmarken. Gerade durch diese Zugehörigkeits- und Distinktionsmerkmale wird die Szene als Szene überhaupt erst sicht- und wahrnehmbar. Auch hier ist die germanische Mythologie bzw. der nordische Mythos Inspirationsquell für die Gestaltung von Motiven diverser Accessoires, ob für T-Shirts, Pullover und Jacken der Marke Thor Steinar (vgl. INVESTIGATE THOR STEINAR 2008), die sich in diesem Spektrum nach wie vor einer großen Nachfrage erfreut, oder bei entsprechenden Bekleidungsstücken der Marken Hemland, Erik & Sons oder Ansgar Aryan aus dem extrem rechten Milieu.

Die in der Szene v. a. über die Liedtexte fortwährend präsentierten gesellschaftlichen Deutungsangebote bestimmen das Denken und Handeln der Szenegänger unter Umständen bis in alle Lebenslagen hinein. Dabei muss im Szenealltag das Politische, obwohl es den gemeinsamen Bezugsrahmen darstellt, nicht primär im Vordergrund stehen. Für die Jugendlichen und jungen Erwachsenen stellt die Szene vor allem eine Vergemeinschaftungsform dar, im Rahmen derer sie mit Gleichgesinnten ihre Freizeit gestalten können, in Form gemeinsamen ›Abhängens‹, Fußball spielend, Konzerte besuchend oder an Aufmärschen teilnehmend. Auch naturreligiöse Inszenierungen wie Sonnwendfeier, die Besuche von megalithischen Grabanlagen und die Begeisterung für Reenactment spielt mitunter eine wichtige Rolle. STEFAN VON HOYNINGEN-HUENE weist in einer Untersuchung zur Religiosität von rechtsextrem orientierten Jugendlichen darauf hin, dass sich die germanische Mythologie bzw. ihre Rezeption von völkisch-neuheidnischen Kreisen den Szeneangehörigen andient:

[Es] lässt sich sagen, dass völkisch-neuheidnische Religiosität in besonderer Weise Anschlussstellen für das Eindringen rechtsextremer Vorstellungen bereit stellt. Vorbelastet durch das Aufgreifen völkisch-religiöser, insbesondere germanischer Symbole und Rituale durch die Nationalsozialisten und durch die nationalistische und rassistische Ausrichtung der völkisch-religiösen Gruppen in ihrer Geschichte bietet diese religiöse Vorstellung bereits rechtsextrem orientierten Jugendlichen eine ihrer Ideologie entsprechende Form. Der Rückgriff auf die vormoderne Gesellschaftsstruktur der Germanen legt zudem die Aufnahme von rechtsextremen Ideologiefragmenten wie dem Sexismus und eine Verherrlichung von Gewalttaten nahe, auch wenn germanische Religion

keinesfalls eine rechtsextreme Orientierung determiniert. ⟨HOYNINGEN-
HUENE 2003, 301⟩

Und er betont, welche Funktion diese Form von Religiösität in der extremen Rechten zukommt:

Die Religiösität rechtsextrem orientierter Jugendlicher übernimmt Funktionen bei Sinnkonstruktion, Identitätskonstitution und der Orientierung in enger Verbindung mit den politischen Einstellungen. ⟨302⟩

Dies sei mitzudenken bei der im Folgenden skizzierten Typologie der Verwendung nordisch-germanischer Mythologie in Texten des ›klassischen‹ RechtsRock. Archäologen mögen in Kenntnis tatsächlicher Funde und vor dem Hintergrund des nach wie vor eingeschränkten Wissens über Kultpraxen etc. über die Vorstellungen und Fantasien der Musiker schmunzeln, doch angesichts der Rezeptionsgeschichte der germanischen Mythologie in deutschgläubigen und völkischen Kreisen seit dem Ende des 19. Jahrhunderts sollte jedem bewusst sein, dass gesichertes Wissen und Interessengeleitete Aneignung schon oft auseinanderfielen.

2. Nordisch-germanische Mythologie als Motive im ›klassischen‹ RechtsRock – eine Typologie

Eine Durchsicht diverser Alben deutschsprachiger Interpreten des ›klassischen‹ RechtsRock aus den letzten dreißig Jahren bildet die Grundlage für die folgende idealtypische Unterscheidung nordisch-germanischer Motive in den Liedtexten.[4]

2.1 »Balder ist ...« – Basiswissenvermittlung

In der Breite ziehen Szenegänger ihr Wissen über die nord-germanische Mythologie aus unterschiedlichen Quellen, oft aus solchen, die extra für das eigene Spektrum aufbereitet wurden. In den 90er-Jahre bis in die 2000er-Jahre hinein wurde ein Basiswissen bspw. über Artikel in

---

4. Die Typologie baut auf Vorarbeiten von FAHR 1995, FLAD 2002 und RAABE 2010 auf, die bereits auf die Verwendung von Motiven aus der nordisch-germanischen Mythologie eingingen.

den sogenannten Fanzines, den Magazinen der Szene, vermittelt. Seit der Jahrtausendwende werden sie im Zuge des aufkommenden Web 2.0 durch interaktive Angebote abgelöst. Im neonazistischen Thiazi Forum, bei dem bei Abschaltung infolge einer Exekutivmaßnahme der Polizei im Juni 2012 rund 21.000 Menschen registriert waren, wurde in diversen Strängen über die Götterwelt der Germanen, die Mythologie, Riten und Kulte und auch archäologische Funde diskutiert. Grundkenntnisse werden aber auch über (diverse) Liedtexte vermittelt, wie das folgende Beispiel illustrieren soll:

Götter der alten Zeit, Götter für die Ewigkeit, heute sind sie kaum noch einem bekannt. Der Höchste von ihnen wird Odin genannt. Er haucht unseren Vorfahren das Leben ein und lädt die Gefallenen zu sich ein. // [Refrain:] Götter der alten Zeit, Götter für die Ewigkeit. Beginnt doch endlich wieder an sie zu glauben und lasst euch nicht auch noch eure Wurzel rauben. // Thor, der Donnergott, ist Odins Sohn – unseren Feinden gibt er ihren Lohn. Balder ist der Gott der Gerechtigkeit, er ist voller Gnade und voller Reinheit. // [Refrain] // Frigg ist die Göttin der Eide und Ehen – will keine Meineide und Scheidungen sehen. Alle Versprechen, die kennt sie genau, sie ist Balders Mutter und Odins Frau. // [Refrain] // Heimdall bewacht Asgard, das Götterreich. An Listigkeit ist niemand dem Loki gleich. Die Nornen bestimmen all unser Schicksal. Walküren befreien uns aus unserer Qual. Götter der alten Zeit – sehr viel ging schon von ihnen verloren. Götter für die Ewigkeit, sie werden aus unserem Glauben neu geboren. Kehrreim. (JAGDSTAFFEL: Götter der alten Zeit. Auf: JAGDSTAFFEL 2004: Mein Freund.)

Genannt werden zentrale Protagonisten aus dem Geschlecht der Asen, Odin (auch als Wotan oder Wodan), Frigg (auch Frigga), Thor und Balder sowie der Gott/Riese Loki, die drei Nornen (Urd, Verdandi und Skuld) und die Walküren, die die im Kampf Getöteten vom Schlachtfeld aufsammeln und in den Götterhimmel bzw. in die Wohnstätte Odins (Walhalla) bringen. Derlei Kurzporträts vermitteln ein erstes rudimentäres Wissen. Gleichwohl sind sie mit der Botschaft verbunden, sich des ›alten Glaubens‹ wieder anzunehmen. Er gehöre zu den ›eigenen Wurzeln‹. Rein deskriptive, den Mythos bloß darstellende Texte sind äußerst selten.

2.2 »Odin statt Jesus« – ›Artglauben‹

Immanent ist der Rezeption der nordisch-germanischen Mythologie die Ablehnung des Christentums, wie es in folgendem Lied – einem in der Szene beliebten und oft gecoverten Song – exemplarisch hervortritt:

> Wir wollen euren Jesus nicht, das alte Judenschwein. Denn zu Kreuze kriechen, kann nichts für Arier sein. Die Bibel und das Kruzifix, die soll der Geier holen. Wir wollen eure Pfaffen nicht, euren Schweinepapst aus Polen. // [Refrain] Walvater Wotan soll unser Herrgott sein. Walvater Wotan wird Germanien befrei'n // Einst gab es die Inquisition, ist doch allen wohlbekannt. Deutsche Frauen als Hexen zu Tausenden verbrannt. Doch heut', da macht ihr auf menschlich und wollt den Frieden schaffen. Ich sprüh's an jede Kirchentür: ›Frieden schaffen, ohne Pfaffen!‹ // [Refrain] // Odin's Raben wachen und sehen eure Taten. Und seine Wölfe kriegen demnächst einen fetten Braten. Ein Blitz aus Thor's Hammer wird in der Kirche hall'n. Jetzt bet' zu deinem Judengott, er hört dich nicht, du Christenschwein. ⟨LANDSER: Walvater Wotan. Zuerst auf: LANDSER 1992, Das Reich kommt wieder⟩

Der christliche Glaube wird vom Sänger Michael Regener (Spitzname Lunikoff) ›durch die Brille‹ Antisemitismus wahrgenommen. Kein Novum, sondern seit dem Aufkommen der völkischen Bewegung eine bestehende Wahrnehmung in diesen Kreisen der extremen Rechten. Stets wird darauf verwiesen, dass der christliche Glaube auf der Heilsbotschaft von Jesus Christus beruhe, dem Sohn Gottes und geborenen Juden. Mitunter ist bereits darin eine Verschwörungstheorie angelegt, die das Christentum als Erfindung von Juden begreift, die mit der Lehre von Nächstenliebe etc. die ›starken Völker des Nordens‹ mit ihren Glauben an Odin etc. unterwerfen wollten bzw. unterwarfen im Rahmen der Christianisierungen. Die Vorstellung, das Christentum sei eine Religion der Schwäche, schwingt auch bei Landser mit (»zu Kreuze kriechen, kann nichts für Arier sein«).

Das Beispiel der Band Macht & Ehre grenzt den ›Artglauben‹ gegen die ›Wüstenreligion‹ ab und begründet damit den eigenen ›Glauben‹ aus einer anderen Perspektive:

> Im Deutschland der Ahnen vor tausenden Jahren, ein Volk das dem Schicksal noch in Zukunft trotzt. Mit erhobenem Haupt in vergangenen Tagen, das vor Stärke und Mut nur so strotzt. / Doch dann kam der Tag der das Unglück brachte, aus der Wüste entstand ein böses Nest. Fortan lebt die Krankheit, die jedermann achte, auf der Welt mit dem Namen Christ. / Es erklingen Gesang

und Klagegeräusche, des Menschen Seele allmählich stirbt. Hinfort sind die Sitten und alte Bräuche, durch den Glauben, der alles verdirbt. / Doch einst naht der Tag der das Übel verbanne, die Rettung der Völker durch das Christenjoch. Denn ob uns auch das Pack ein paar Jahre noch lache, die Rache alter Götter sie naht doch. ⟨MACHT & EHRE: Jahrhunderte der Knechtschaft. Auf: MACHT & EHRE 2003: Schwarzer Orden⟩

Das Christentum sei (ebenso wie das Judentum) eine ›Wüstenreligion‹, die vielleicht ihre Berechtigung hätte im Nahen Osten, aber nicht in den (nordischen) Gefilden Europas.[5] Nicht ausgesprochen, aber im Begründungszusammenhang oft anzutreffen ist die Gegenüberstellung zu naturreligiösen Vorstellungen, wie sie im Norden Europas vor der Christianisierung bestanden haben. Diese ›ursprünglichere‹ Religion hiesiger Gefilde entspreche ›uns‹ mehr, weil sie ein Leben im Einklang mit der vielfältigen Natur ermögliche – eine ›Wüstenreligion‹ bringe diesen Respekt nicht auf. Vor dem Hintergrund dieser beiden Motive werden neu-heidnische Vorstellungen, die an der nordisch-germanischen Mythologie anknüpfen, als ›arteigen‹ wahrgenommen, als ›dem Deutschen‹ / ›dem Nordeuropäer‹ eigene Religion. Es muss wohl nicht weiter ausgeführt werden, dass diese beiden ethnischen Vorstellungen ›rassebiologisch‹ (pseudo-)begründet werden.

2.3 »Odin sei Dank« – Lebensweltliche Selbstverständlichkeit

Religiöse Vorstellungen zeigen sich im Alltag über Rituale, im Gebet, in Gruß- und Dankesformen (›Grüß Gott‹, ›Vergelts Gott‹) oder in Seufzers der Erleichterung (›Gott sei Dank‹). Eine Übertragung dieser Redewendungen sind in den Texten des RechtsRock zu finden, wobei der Bezug auf den christlichen Gott ersetzt wird durch einen auf Odin/Wotan oder andere Asen. Beredtes Beispiel ist ein Lied der Formation

---

5. Dieser Gedankengang findet sich auch bei LANDSER: »Deutschlands Unglück begann nicht mit dem Marxismus, es begann nicht mit dem Liberalismus, es begann an dem Tag, da rassefremde Elemente unsere germanischen Vorfahren dazu zwangen, bestimmte Dinge zu ›glauben‹. Der Pestherd liegt irgendwo in den Wüsten des Nahen Ostens, von wo die tollen Religionen kommen, die die Völker der Erde zwingen wollen, an ihrem verfluchten Rache-Gott zu glauben«, vgl. das Interview mit der Band im Magazin der Blood & Honour Division Deutschland, Nr. 8, 1999, 32.

Rotte Charlotte, in dem sie sich selbst mit leichter Ironie stilisieren – eingeflochten ein kurzer Dank gen Asgard:

Wenn Nachbars Katze dich plötzlich anbellt, und ein Kaczynski tot vom Himmel fällt und Islands Krater Asche speien … wenn Oma wieder alte Fahnen hisst, Kramer heimlich unkoschere Speisen frisst – muss das die neue ROTTE sein. Die Roten randalieren, die Braunen applaudieren. Die Aufregung ist groß, Regler nach rechts, denn jetzt geht's los. // [Refrain:] Sind gekommen, um uns zu rächen. Werden eure Herzen brechen. Und kein Herz bleibt uns versperrt. Hier sind die Rattenfänger aus eurem Volksempfänger. Keine Seele bleibt uns verwehrt. // Mit drei Akkorden gegen Zensur, gegen Moral und Meinungsdiktatur – Rock gegen ZOG heißt die Mission. Hier ist die Schande der Republik, im musikalischen Blitzkrieg. Vergiss Bar Mitzwa – Jetzt gibt's Kastration! Gott Wotan, welch ein Glück, wir sind wieder zurück! Fünf Saboteure, eng verschworen – im Dschihad auf eure Ohren. // [Refrain] Dass wir etwas anders ticken, daraus machen wir keinen Hehl, doch eines war euch unbekannt: Der Geist des Chefs erschien uns und er gab uns den Befehl: Rockt dieses unterjochte Land! (ROTTE CHARLOTTE: Herzensbrecher. Auf: ROTTE CHARLOTTE 2011: Unkaputtbar)

Auch wenn das Einsprengsel (»Gott Wotan, welch ein Glück«) gewollt erscheint, drückt es doch gleichwohl die Präsenz der Mythologie im Alltag der Szene aus.

2.4 »Walvater hilf« – Anrufung

Einer tatsächlichen Glaubensvorstellung scheinen Texte zu entspringen, die zentral auf einer Anrufung des Göttlichen basieren. Der Walvater Odin / Wotan wird um Gehör und Hilfe angefleht, wobei die Form des Vortragens nicht unterwürfig, sondern eher flehentlich ist, wie bspw. am Eingang eines Albums der Band Division Wiking:

Odin! / Odin! / Odin! / Hörst Du uns!? / Odin! / Führst Du uns!? / Odin! / Hörst Du uns!? / Odin! / Führst Du uns, wenn wir mit Dir gehen!? (DIVISION WIKING: Intro. Auf: DIVISION WIKING 2004: Gewand der Wahrheit.)

Unklar bleibt, in welche Lebenslage die Führung durch Odin erbeten wird – generell oder in einem bestimmten Lebensabschnitt. Deutliche formuliert die Band Sleipnir[6] ihre Fürbitte:

6. Verschiedene Bands des Genres leiten ihren Namen aus der nordisch-germanischen Mythologie ab, im vorliegenden Beispiel stand das achtbeinige Ross Odins namens Sleipnir Pate.

Vater Odin, hörst Du mich? Vater Odin, ich rufe Dich! Vater Odin, zeig mir den Weg, entfach das Feuer, das die Dunkelheit bricht. Zeig mir den Weg. // Vater Odin, führ mich über das Meer und schick den Seher vor mir her. Vater Odin, reich mir Deine Hand, wenn ich falle, führ mich in Dein Heldenland. Reich mir Deine Hand, reich mir Deine Hand. // [Wdhg. 1. Strophe] ⟨SLEIPNIR: Vater Odin. Auf: SLEIPNIR 2002: Ein Teil von mir⟩

Hier wird Führung erbeten, um den eigenen Weg zu erleuchten, vielleicht auch, um zu erkennen, welcher Aufgabe man sich zu stellen habe. Und es wird erbeten, dass der Gottvater ihn ins Jenseitige führe, wenn er im Kampf falle (vgl. 1.7). Während Sleipnir individuelle Hilfe erfleht, erbittet Michael Regener (hier mit seinem Projekt Tanzorchester Immervoll) Unterstützung für das ›deutsche Volk‹ – in der Diktion des Sängers zu lesen als ethnisch und politisch homogene Gemeinschaft.

Walvater, hilf deinen Deutschen, dem Volk ohne Raum. Lass sie endlich erwachen, aus diesem Albtraum. Doch sollten wir verlieren, war der Kampf auch noch so lang. Dann soll der Erdball zittern, bei unserem Untergang // Herr der Magie und der Runen, Führer der wilden Jagd. Wotan, Lenker der Schlachten, Heil dir! ⟨TANZORCHESTER IMMERVOLL: Lenker der Schlachten. Auf: TANZORCHESTER IMMERVOLL 2002: ... jetzt erst recht⟩

Regener greift hier im Übrigen eine alte Vorstellung der extremen Rechten auf, dass die Deutschen ein ›Volk ohne Raum‹ seien. Formuliert und ausführlich ›begründet‹ wurde das von Hans Grimm in seinem Klassiker (dieses Spektrums) mit dem Titel *Volk ohne Raum* ⟨1926⟩. Diese Wahrnehmung begründete den territorialen Drang nach Osten, der im imperialistischen Angriffskrieg auf Polen und später der Sowjetunion durch die Nationalsozialisten mündete.

2.5 »ein Land, ganz hoch im Norden« – Sehnsuchtsort(e)

Neben der konkreten Sehnsucht nach der Wiederherstellung Deutschlands zu Zeiten einer bestimmten geographischen Ausdehnung (i. d. R. in den Grenzen von 1937) existiert in Teilen der extremen Rechten gleichwohl noch eine Sehnsucht nach einem Ort, der als Ursprung eines spezifischen ›rassebiologischen‹ Phänotyps betrachtet wird: Nordland. Im Vergleich mit christlichen Vorstellungen kann dieser Wunschort als eine Form des Paradieses begriffen werden, dort ist die ersehnte Welt in Ordnung, da sie ›rassisch‹ rein sei:

Es gibt ein Land, ganz hoch im Norden, in Schnee und Eis, mit Seen und Fjorden. // [Refrain:] Nordland, Nordland – glaub mir, deine Stunde kommt Nordland. // Dort lebt ein Volk, seit 1000 Jahren, die Augen blau, mit blonden Haaren. // [Refrain] // Ein Segel blinkt, am Horizont, bis nach Walhall, wo Odin wohnt. // [Refrain] ⟨LANDSER: Nordland. Auf: LANDSER 1992: Das Reich kommt wieder⟩

Interessanterweise benennen die Band Landser wie auch andere Musikgruppen, die dieses Motiv aufgreifen, keinen konkreten Staat wie bspw. Norwegen oder Schweden. Die Bezeichnung Nordland fungiert vielmehr als staatenübergreifende geografische Beschreibung, bei der unklar ist, ob damit die bereits genannten Ländern gemeint sind oder ob sie noch Dänemark und/oder Finnland umfasst. Bei Landser ist Nordland aber mehr als eine Klammer für romantische Vorstellungen über Wikinger etc. Ihre Vorstellungen sind deutlich inspiriert vom ›Rasseforscher‹ Hans F. K. Günther und dessen ›nordischen Gedanken‹ bzw. der Erfindung eines nordischen Rassetyps ⟨vgl. dazu LUTZHÖFT 1971⟩.

Beinahe schon transzendent ist die Vorstellung vom sagenhaften Thule, einem ebenfalls angeblich im Norden gelegenen Ort, der aber im Gegensatz zu ›Nordland‹ geografisch nicht zu verorten ist. Inhaltlich erfüllt dieses mythische Thule ⟨vgl. ZERNACK 1996, 504ff.⟩ bei Bands der extremen Rechten dieselbe Funktion wie ›Nordland‹, es ist ein Sehnsuchtsort:

[Refrain:] Wir sind immer noch auf der Suche nach Thule, über das tosende Meer geht die Expedition. Über die Berge des eisigen Nordens zu der Heimat, wo die Arier wohn', Arier wohn' [...] // Durch die Kälte und den tiefen Schnee, eisig der heulende Wind – Bläst er uns ins erfrorene Gesicht – Karte und Kompass verraten wo wir sind. Wie oft ermüden unsere Knochen, erschöpft sinken wir in den Schnee. Doch der starke Wille der führt uns weiter, solang bis wir an unserem Ziele stehen. // [Refrain] // Mit einem Heer von Männern begann die Suche, eine Handvoll stehen jetzt noch hier. Schnee und Wasser verschlang ihre Körper, doch das Ziel vor Augen wir nicht verlieren. Über Meer und Berge sind wir gezogen, um zu gelangen an den Nordrand der Welt. Zum Ursprungsort unserer Rasse, die viele vor ein Rätsel stellt // [Refrain] // Es ist die Insel unserer Träume, für nordische Kulte ein mystischer Ort. Unsere Herkunft trägt ihren Namen, Ultima Thule: Mehr als nur ein Wort. ⟨ASATRU: Auf der Suche nach Thule. Auf: ASATRU 2000: Auf der Suche nach Thule⟩

Die Zeile »Insel unserer Träume« kann im Übrigen doppeldeutig verstanden werden, einmal im übertragenen Sinne und einmal tatsächlich als Sehnsucht hin zu einer Insel namens Thule. Manche Vorstellungen betrachten diesen Ort tatsächlich als solche, mitunter in Übereinstimmung gebracht mit dem Mythos Atlantis. Demnach habe diese sagenhafte Insel im hohen Norden gelegen und sei gleichbedeutend mit Thule. Primär ist bei der Rezeption von Nordland / Thule innerhalb der extremen Rechten jedoch, wie schon angedeutet, der Wunsch einen ›rassebiologischen‹ Ausgangsort zu identifizieren – und sich an diesen zurückzusehnen.

2.6 »mit nordisch treuem Mute« – Kampf/Krieger

Die zwei häufigsten Verknüpfungen mit der nordisch-germanischen Mythologie bestehen bei den Motiven Kampf/Krieger und Tod (s. 1.2.7), wie es das folgende Beispiel deutlich macht. Es zeigt indes auch, dass es sinnvoll ist von einem eigenen Motiv Kampf/Krieger zu sprechen:

> Weit weg von hier gibt es ein Reich, in dem die Götter leben. Dereinst in diesem Reich zu sein gilt unseres Kampfes streben. Mit nordisch treuem Mut beseelt durchleben wir die Zeit. Kein Opfer ist zu groß für uns im Kampf um Deutschlands Freiheit. // [Refrain:] Wotan führt uns an, zum Kampf den Ahnen gleich. Wir folgen Mann für Mann zurück ins Deutsche Reich. // Der tapfere Krieger kämpft und siegt und wenn er einmal fällt, Walhallas gold'ner Glanz für ihn die Ewigkeit erhellt. Schon viele Kämpfer sind zum letzten Opfergang bereit, ihr Heldentod mahnt uns zum Kampfe für die neue Zeit. // [Refrain] // Ich kann es nicht mehr hören, unser Kampf wäre vergebens. Ich weiß einst kommt der Sieg und die Erfüllung unseres Lebens, auch wenn man uns verlacht und unsere Ziele nicht versteht. Der Letzte wird's kapieren, wenn Großdeutschland aufersteht. ⟨HASSGESANG: Wotan. Auf: HASSGESANG 2000: Helden für's Vaterland⟩

Walhalla ist die Ruhmeshalle Odins/Wotans, in die nur gelangt, wer im Kampf gefallen ist. Über diesen Aspekt (›Opfergang‹) sind die Motive Kampf und Tod der vorliegenden Typologie miteinander verknüpft. Der Texttypus ›Kampf‹ selbst ist meist gekennzeichnet durch die Formulierung normativer Regeln. Sie werden allerdings nur bedingt aus dem Mythos abgeleitet und zwar mehrheitlich dann, wenn dem ›Krieger‹ der Einsatz seines Lebens bzw. die Bereitschaft zum Opfer selbigen abverlangt wird zur Erlangung eines höheres Guts (bei der Brandenburger Band Hassgesang die Wiederherstellung Großdeutschlands). Die Vorstellung, wie ein ›Krieger‹ zu sein bzw. zu kämpfen habe, wird abgeleitet aus dem (vorgestellten) ›Leben der Ahnen‹ (Germanen bis Waffen-ss/Wehrmacht).[7] Eingefordert werden dabei Mut, Tapferkeit/Härte, Treue und eben Opferbereitschaft.

2.7 »von den Walküren nach Walhalla gebracht« – Tod/Opfermythos

In Dutzenden Texten wird der Aufstieg gefallener Krieger nach Walhalla besungen. Stets geht es darum, sein Leben für eine höhere Idee, ein höheres Gut zu opfern. Der dabei in Szene gesetzte Opfer- und Totenkult erinnert stark an den des Nationalsozialismus und Faschismus ⟨vgl. bspw. REICHEL 1996, 219ff.⟩ Der nordisch-germanische Mythos als Kulisse ermöglicht heute eine breitere Popularisierung, als dies mit Bezug auf die »Blutzeugen der Bewegung« (die beim Hitler-Putschversuch 1923 um Leben gekommenen Nationalsozialisten) möglich wäre, da die ideologische Intention so besser verschleiert werden kann. Der Ort der (diesseitigen) Handlung wird in den Liedtexten dabei häufig in den Norden Europas verlegt, wie bspw. bei der süddeutschen Band Noie Werte:

Ein Wikinger stirbt, sein Schwert in der Hand. Er weiß genau, er kommt nach Heldenland! Er wird von den Walküren nach Walhalla gebracht. Er war sehr tapfer, als er fiel in der Schlacht! // [Refrain 2×] Er war der Sohn aus Heldenland der niemals Feigheit hat gekannt. Er sah die Zeichen am Horizont, für seine Tapferkeit wird er jetzt belohnt! // Jetzt speist er mit den Göttern an der Tafel der Sieger. Dort sehen sie sich wieder, die tapfersten Krieger! Im Land der Götter, auch Asgard genannt, inmitten der Welt, im Heldenland! // [Refrain] // Der Weg ist zu Ende – ein Wikingerleben! Für ihn gab es nicht mehr, nicht mehr zu erstreben! Er hat seinen Platz, er hat ihn verdient. Ein ewiges Leben hat er jetzt ohnehin! Ohnehin! Ohnehin! // Ein Wikinger stirbt, sein Schwert in der Hand ... ⟨NOIE WERTE: Sohn aus Heldenland. Auf: NOIE WERTE 1996: Sohn aus Heldenland⟩

Das hier beschworene Bild passt zu (neo-)nationalsozialistischen Vorstellungen, dass das Leben nicht nur Kampf sei, sondern dass es gar das Höchste sei im Kampf zu sterben (»für ihn gab es nicht mehr zu erstre-

---

7 Diese ›Ahnenreihe‹ wird mitunter auch bildlich inszeniert. Das Plattencover von *This time the world* der britischen RechtsRock-Band No Remorse zeigt bspw. einen Wikinger, einen ss-Soldaten und einen Skinhead in einer Ahnenreihe ⟨vgl. RAABE/SCHLEGELMILCH 2013, 175⟩.

ben«). Wie fließend dabei die Grenzen zum Fantasy sind, zeigt beim oben zitierten Lied das Cover der dazu gehörenden Platte. Die Zeichnung zeigt landende ›Wikinger‹ (mit Hörnern am Helm) vor dem Hintergrund ihres Wikingerschiffs, die eine Gruppe von ›Arabern‹ angreifen. Der Nordmann in der Bildmitte ist nur mit einem Lendenschurz aus Fell bekleidet, um seinen Hals trägt er einen Thorhammer. Seine Muskeln sind derart überzeichnet, dass die Figur in erster Linie an Arnold Schwarzenegger in seiner Rolle als »Conan, der Barbar« erinnert.

Jüngeren Datums ist die Fantasy-Anleihe, die folgender Song der Band Kommando Freisler nimmt:

Heil Dir, kaltes Land umgeben vom nordischen Meer. Heil Dir meine Heimat, heil Dir. Wir sterben im Kampf – hundert zu eins stehen sie gegen uns. Die Feiglinge strömen nach Norden, brachten Lüge, Verrat und Tod. Doch nun gebe ich Dir mein Leben in Deiner Not. / Dort treffe ich meine Mutter, meinen Vater – sie rufen nach mir. Sie warten hinter den Toren von Walhall. / Dort treffe ich meine Schwestern, meine Brüder – sie rufen nach mir. Dort treffe ich meine Ahnen bis zum Anbeginn der Zeit. Ich kehre heim hinter die Tore von Walhall. / Heil Dir, kaltes Land umgeben vom nordischen Meer – Dich grüßt Dein sterbender Sohn, heil Dir. ⟨KOMMANDO FREISLER: Walhall. Auf: KOMMANDO FREISLER 2007: Kaufen, hören, hassen.

Erneut spielt die Handlung weit im Norden (»Nordland«). Wer die »Feiglinge« sind, die »Lüge, Verrat, Tod« brachten, bleibt unbenannt. Die Beschreibung erinnert jedoch an die Charakterisierung von Christen in anderen Liedern des Spektrums, sodass davon auszugehen ist, dass es um die Christianisierung des nördlichen Europas geht. Zentral ist aber die Aufzählung, wen der Todgeweihte im Jenseits alles treffen wird – seine gesamte Ahnenreihe. Diese Passagen sind vermutlich dem Film *Der 13te Krieger* ⟨1999⟩ entlehnt, in dem die Krieger vor einer Schlacht sich positiv einstimmen auf den Tod bzw. den Aufstieg nach Walhalla und ebenjene Worte dafür verwenden.[8] Der nordisch-

---

8. Die Wikinger in dem Film (Deutsche Fassung) sprechen, angestimmt vom König, folgende Worte: »Dort treffe ich dann meinen Vater Dort treffe ich dann meine Mutter, und meine Schwestern und meine Brüder. Dort treffe ich dann all jene Menschen meiner Ahnenreihe, von Beginn an. Sie rufen bereits nach mir. Sie bitten mich meinen Platz zwischen ihnen einzunehmen. Hinter den Toren von Walhalla, wo die tapferen Männer für alle Ewigkeit [...] leben!« (*The 13th Warrior*. USA: Walt Disney Pictures / Touchstone Pictures 1999.)

germanische Mythos wird so mit modernem Fantasy von Walt Disney verflochten und weitergesponnen. Die Rezipienten wissen in der Regel nicht, welche Vorstellungen aus tatsächlich historischen Quellen abgeleitet sind und welche dem modernen Zeitgeist und der Erfindungsreichtum der Musiker entspringen.

3. Fazit

Der Typologie ließe sich im Grunde noch ein achtes Motiv hinzufügen, das als ›Leerstelle Frauen‹ benannt werden müsste. Die Göttinnen und weiblichen Protagonistinnen der nordisch-germanischen Mythologie spielen in den Texten nur eine sehr untergeordnete Rolle, und Frauen aus dem diesseitigen Hier und Jetzt kommen in den Texten so gut wie gar nicht vor. Der ›klassische‹ RechtsRock offenbart hier, dass er männlich geprägt ist und zeigt, welche Geschlechterrollen und -vorstellungen in diesem Spektrum vorherrschend sind.

Festzuhalten bleibt abschließend, dass der Bezug auf die nordischgermanischen Mythologie und auf Germanen/Wikinger für einen großen Teil der extremen Rechten konstitutiv ist hinsichtlich der Ausbildung ihrer Ideologie und ihrer Identität. Mit archäologischen Quellen hat diese Rezeption wenig zu tun, sie ist politisch bzw. weltanschaulich motiviert. Die formulierten Vorstellungen greifen dabei zurück auf Deutungen der völkischen Bewegung und des Nationalsozialismus. Auch wenn es den Liedern an einer Rückbindung an Funde und gesichertem Wissen mangelt, so können sie doch identitätsbildend sein. Und so sind Fans dieser Musik regelmäßig auf Mittelaltermärkten und ähnlichen Spektakeln zu sehen, besuchen Reenactmentaufführungen und machen manchmal auch in solchen Gruppen mit. Und gerade durch die Verschmelzung von solchen vermeintlich orginalgetreuen, authentischen Inszenierungen im Rahmen von Ausstellungen und Sonderschauen von Museen verschwimmt die Grenze zwischen Fiktion und vorsichtiger seriöser Wissensvermittlung endgültig.

Literatur

SPEIT, ANDREAS (Hrsg., 2002): Ästhetische Mobilmachung. Dark Wave, Neofolk und Industrial im Spannungsfeld rechter Ideologien. Hamburg / Münster: Unrast.

DORNBUSCH, CHRISTIAN / RAABE, JAN (2002): Ästhetische Mobilmachung. Journal der Jugendkulturen, Nr. 7, November 2002, 22-29.

DORNBUSCH, CHRISTIAN / KILLGUSS, HANS-PETER (2008): Unheilige Allianzen. Black Metal zwischen Satanismus, Heidentum und Neonazismus. 3., korr. Aufl. Hamburg / Münster: Unrast.

DORNBUSCH, CHRISTIAN / RAABE, JAN (2004): RechtsRock. Das Modernisierungsmoment der extremen Rechten. In: BRAUN, STEPHAN / ÖRSCH, DANIEL (Hrsg.): Rechte Netzwerke - eine Gefahr. Wiesbaden: VS Verlag, 123-131.

DORNBUSCH, CHRISTIAN / RAABE, JAN (2006): RechtsRock - Made in Thüringen. Erfurt: Landeszentrale für politische Bildung Thüringen.

FAHR, MARGITTA (1995): Odins Erben. Neoheidentum und nordische Mythologie in Rechtsrock-Texten an ausgewählten Beispielen der britischen Band »Skrewdriver«. In: FORSCHUNGSZENTRUM POPULÄRE MUSIK DER HUMBOLDT-UNIVERSITÄT ZU BERLIN (Hrsg.): PopScriptum 5 - Rechte Musik, 90-104.

FLAD, HENNING (2002): Trotz Verbot nicht tot. Ideologieproduktion in den Songs der extremen Rechten. In: DORNBUSCH, CHRISTIAN / RAABE, JAN (Hrsg.): RechtsRock. Bestandsaufnahme und Gegenstrategien. Hamburg / Münster: Unrast, 73-105.

HOYNINGEN-HUENE, STEFAN VON (2003): Religiösität bei rechtsextrem orientierten Jugendlichen. Münster u. a. LIT.

RECHERCHEGRUPPE INVESTIGATE THOR STEINAR (2008): Thor Steinar. Die kritische Auseinandersetzung mit einer umstrittenen Marke. 2., überarb. Aufl. Berlin.

LANGEBACH, MARTIN / KILLGUSS, HANS-PETER (2010): Spirituelle Bricolagen - Projekte im Dark Wave und Black Metal. In: SPEIT, ANDREAS (Hrsg.): »Ohne Juda, ohne Rom«. Esoterik und Heidentum im subkulturellen Rechtsextremismus. Braunschweig: Arug, 124-148.

LANGEBACH, MARTIN / RAABE, JAN (2011): Die Genese einer extrem rechten Jugendkultur. In: SCHEDLER, JAN / ALEXANDER HÄUSLER (Hrsg.): Autonome Nationalisten. Wiesbaden: VS-Verlag, 36-53.

LANGEBACH, MARTIN / RAABE, JAN (2015): Zwischen Freizeit, Politik und Partei: RechtsRock. In: BRAUN, STEPHAN / GEISLER, ALEXANDER / GERSTER, MARTIN (Hrsg.): Strategien der extremen Rechten. Hintergründe - Analysen - Antworten. 2., überarb. u. erw. Aufl. Wiesbaden: VS-Verlag (im Erscheinen).

LUTZHÖFT, HANS-JÜRGEN (1971): Der Nordische Gedanke in Deutschland. 1920-1940. Stuttgart: Klett.

RAABE, JAN (2010): Odins Streiter - Heidentum im Rechtsrock. In: SPEIT, ANDREAS (Hrsg.): »Ohne Juda, ohne Rom«. Esoterik und Heidentum im subkulturellen Rechtsextremismus. Braunschweig: Arug. 105-123.

Raabe, Jan / Schlegelmilch, Dana (2013): Die rezente extreme Rechte und das Germanentum. In: Focke-Museum (Hrsg.): Graben für Germanien. Archäologie unterm Hakenkreuz. Bremen, 172–178.

Speit, Andreas (2002): Ästhetische Mobilmachung. Dark Wave, Neofolk und Industrial im Spannungsfeld rechter Ideologien. Hamburg / Münster: Unrast.

Zernack, Julia (1996): Anschauungen vom Norden im deutschen Kaiserreich. In: Puschner, Uwe / Schmitz, Walter / Ulbricht, Justus H. (Hrsg.): Handbuch zur »völkischen Bewegung« 1871–1918. München u. a.: Saur. 482–511.

FRANZ JOSEF RÖLL

Zur Funktion und Bedeutung von Mythen für die Identitätsbildung von Jugendlichen

Die Auffassungen, wie Selbstkonzepte und damit Vorstellungen von Identität entstehen, sind in den Sozialwissenschaften umstritten. Während die klassische Psychoanalyse Identität vorwiegend als einen sich selbst reflektierenden autonomen Entwurf des Subjekts versteht bzw. verstand, reflektieren neuere psychologische Arbeiten eine dialektische Auseinandersetzung zwischen kindlichem Organismus und gesellschaftlicher Struktur. Soziologen wiederum sehen die Entwicklung des Selbstkonzepts als Folge und Voraussetzung von Interaktionserfahrungen in kulturellen Kontexten. Sie definieren Identität als symbolische Struktur, die ein Persönlichkeitssystem dazu befähigt, die eigene Biografie im Kontext zu den verschiedenen Positionen im sozialen Raum als Erfahrung von Kontinuität und Konsistenz zu erleben. Mit Identität wird demgemäß die Rekonstruktion der eigenen Lebensgeschichte, die aktuelle Positionierung in Bezug auf die jeweiligen Anforderungen der Handlungssituation und der entwickelte Lebensentwurf aufgrund der bisherigen Erfahrungen verstanden. Im Folgenden möchte ich eruieren, welche Rollen Mythen in Anbetracht sich auflösender traditionaler Strukturen spielen.

Wandel der Identitätskonstruktion

Bei MEAD ⟨1980, 241f.⟩ liegen die Wurzeln der Identität in der sozialen Interaktion, im dialogischen Austausch; sie ist für ihn eine Folge von sozialer Praxis. Auf ihn geht die Auffassung zurück, Identität als soziale Konstitutionstheorie zu interpretieren. Das Selbstbewusstsein ist demgemäß sozialen Ursprungs. MEAD differenziert zwei Aspekte der Ich-Identität, die sich als Dialogpartner wechselseitig beeinflussen können.

Das »I« steht für das spontane, kreative und erkennende Subjekt, das »Me« für das Selbst als Erkenntnisobjekt. Während das »I« die Reaktion des Organismus auf die Haltungen anderer bedeutet, repräsentiert das »Me« die Haltungen der anderen. Im »Me« sind die Internalisierungen der sozialen Anforderungen, die Regeln und Konventionen der Gesellschaft repräsentiert. Das »Self« als Ausdruck von Identität ist nicht statisch, sondern dynamisch. Es vermittelt zwischen den beiden Polen. In der Interaktionssituation kommt es aufgrund sich widersprechender Normensysteme ständig zu wechselnden Erwartungen an die Selbstpräsentationen des Individuums. Das Individuum ist gezwungen, Konsistenz und Kontinuität zwischen der biografischen Selbstinterpretation und den sozialen Anforderungen herzustellen.

HABERMAS (1988) ist ebenfalls der Überzeugung, dass Identität nur in einem sozialen Rahmen hervorgebracht werden kann. Er interpretiert Identität als Balance zwischen der Aufrechterhaltung der persönlichen und der sozialen Identität. Im sprachlichen Interaktionsprozess findet die gleichzeitige differente Kommunikation auf verschiedenen Ebenen statt. Bei der Selbstkonstruktion ist bei ihm das soziale Gegenüber sowohl als Quelle intersubjektiver Anerkennung als auch als verinnerlichter Dialogpartner beteiligt.

Die Identität vergesellschafteter Individuen bildet sich zugleich im Medium der sprachlichen Verständigung mit anderen und im Medium der lebensgeschichtlich-intrasubjektiven Verständigung mit sich selbst. Individualität bildet sich in Verhältnissen intersubjektiver Anerkennung und intrasubjektiv vermittelter Selbstverständigung (191).

Die Dialektik von persönlicher und sozialer Identität sieht er vor allem im metakommunikativen »reflexiven Sprachgebrauch« der Umgangssprache verwirklicht.

Die Selbst- und Fremdverständigung wird bei HABERMAS von zwei Quellen gespeist, einmal durch die Zustimmung zu den Handlungen des Selbst unter normativen Gesichtspunkten, des Weiteren durch die Anerkennung als Person mittels der realisierten Biografie. Gesellschaftliche Normen oder allgemeine moralische Prinzipien gelten als Orientierung für die Suche nach Zustimmung. Im Rahmen der Selbstdarstellung findet die Suche nach Anerkennung als Interaktion mit dem Gegenüber ihren Ausdruck.

Der Ansatz von HABERMAS ist dem Konzept der Moderne verpflichtet. Bei ihm steht die Identitätssuche in Zusammenhang mit sprachlicher Verständigung (diskursive Konstruktion). Der Ansatz von HABERMAS geht von der Prämisse eines kohärenten Ichs aus und hat seine Relevanz vor allem in einer von Schrift- und Sprachkultur geprägten Gesellschaft. Inzwischen überformt die Medienkultur und die Informationstechnologie die Schriftkultur. Daher gibt es begründeten Anlass zu vermuten, dass noch weitere Bausteine den Identifikationsprozess beeinflussen können. Ich gehe davon aus, dass eine inter- und intrasubjektive Selbstverständigung als Ausgangsbedingung für die Entwicklung von Identität auch über einen durch sinnliche Wahrnehmung vermittelten Diskurs mit Medien vonstatten gehen oder beeinflusst werden kann. Die Stabilisierung von Identität lässt sich auch in der Auseinandersetzung mit Bildern (audiovisuellen Medien) verwirklichen. Medien können demgemäß ebenfalls Prothesen bei der Suche nach dem Standpunkt zur Welt bilden.

Bei KEUPP / HÖFER ⟨1997, 2000⟩ ist Identität nichts Endgültiges und Abgeschlossenes, da wir in einer Welt leben, in der jeder Einzelne in einer Vielfalt situativer Verortung und segmentierter Erfahrung lebt. Diskontinuität, Fragmentierung, Segmentierung, Deterritorialisierung und Collage bestimmen die heutige Lebenswelt von Jugendlichen. Dies führt zur Auflösung des stabilen Ichs. Das Subjekt lässt sich somit nicht mehr als autonome Einheit definieren. Auszugehen ist von Teil-Identitäten, die sich permanent neu zusammensetzen und weiterentwickeln.

Das Ego wird relativiert, variiert, flexibilisiert, entstrukturiert, entpersonifiziert und in differenzierte pluralistische sprach- und tiefenlose Stilformen aufgelöst. ⟨FERCHHOFF / NEUBAUER 1997, 83⟩

Im Kontext dieser Entwicklung generieren Jugendliche Identitätsmuster, die einen bruchstückhaften Charakter haben. Der Verlust der harten Konturen eines kohärenten Selbst steht in Verbindung mit der Pluralisierung von Lebensstilen.

Jeder Jugendliche wird heute zum flexiblen Konstrukteur seiner eigenen Biografie mit einem persönlichen Wertekosmos, er muss und kann sich seine Identität und seine Wertorientierungen aus Versatzstücken selbst und eigenverantwortlich zusammenbasteln, sozusagen sein eigenes biografisches und ethisches »Gesamtkunstwerk« schaffen und inszenieren, ein Kunstwerk, dessen Inhalt er selbst ist. ⟨DEUTSCHE SHELL 2000, 95⟩

Sogar auf der bewussten Ebene kann keine Rede von einer definierbaren Identität sein. Anstelle von Subjektivität muss man von einer intersubjektiven Vernetzung sprechen, bei der Informationen im ständigen Austausch hergestellt werden. Für FLUSSER ⟨1994, 14⟩ erweist sich das »Ich« als ein sich ständig verschiebender Knoten eines intersubjektiven Gewebes. Das Subjekt muss als modale Konstellation von Mannigfaltigkeiten verstanden werden. Fortwährend tauscht sich das Individuum aus, integriert neue Vielheiten, spaltet sich und nimmt neue Inhalte und Formen an. In Zukunft wird man von einem multiplen Ich oder von Identitätsfragmenten ausgehen müssen, wobei die Individuen stärker gefordert sind, an der Selbstkonstitution mitzuwirken.

Subjekte erleben sich als Darsteller auf einer gesellschaftlichen Bühne, ohne dass ihnen fertige Drehbücher geliefert werden. ⟨KEUPP 2000, 117⟩

Die Einzelnen erhalten nicht nur in Bezug auf das Lernen, sondern auch in Bezug auf ihre Identitätsfindung zunehmend die Verantwortung, das eigene Leben selbst zu entwerfen, zu inszenieren und zu realisieren. Die Vorlagen für die Bricolage am Selbstkonzept liefern vor allem die Medien und der von den Medien favorisierte audiovisuelle Diskurs.

Freisetzungsfunktion und säkulare Religion

Die traditionalen Strukturen verbunden mit deren Norm vermittelnden Werten werden zunehmend brüchig. Auf drei Ebenen vollzieht sich ein Modernisierungsprozess, den BECK ⟨1986⟩ als Risikogesellschaft beschreibt. Die Individuen werden aus historisch vorgegebenen Sozialformen und -bindungen und traditionellen Versorgungszusammenhängen herausgelöst. Frühere Verortungen in Klasse, Schicht, Familie lösen sich zunehmend auf. Dies bezeichnet Beck mit Freisetzungsdimension ⟨206⟩. Da das Handlungswissen, der Glaube und die leitenden Normen keine bindende Orientierung mehr für die Identitätsbildung liefern, führt dies zur Entzauberungsdimension. Reintegrationsdimensionen werden daher nötig, um eine neue Art der sozialen Einbindung zu ermöglichen. Die weitreichenden Möglichkeiten der selbstbestimmten und eigenständigen Lebensführung stellen die Individuen allerdings vor große Herausforderungen. Im Gegensatz zu früher setzt die aktuelle Lebenssituation keine Grenzen mehr, sondern löst Prozesse aus. Die Subjekte handeln aus diesem Grunde eher durch Wählen als durch Einwirken, wie dies in traditionalen Kulturen der Fall war ⟨SCHULZE 2002⟩.

Die Entzauberung des religiös-metaphysischen Weltbildes führte nicht nur zum Verlust der Erlösungsgewissheit, sondern auch zur Entfaltung theoretischer Rationalität und damit der Möglichkeit der Realisierung menschlicher Potenziale. Wie bereits WEBER ⟨1947⟩ festgestellt hat, verschwindet aber mit der Rationalität und der Aufklärung keineswegs das Bedürfnis nach Erlösung. Dieses Bedürfnis wird durch die moderne Empfindsamkeit der Subjektivität noch gesteigert. Das neuzeitliche Subjekt kennt kein das Weltbild stabilisierende Erfahrung. Das Subjekt ist auf sich selbst zurückgeworfen und muss lernen, mit ambivalenten Wirklichkeitsinterpretationen umzugehen. Durch die Individualisierung sind Brauchtum, Konfession, und Heimatbildung zurückgedrängt. Während Religionen, Weltanschauungen, traditionale Bindungen und Verbindlichkeiten verloren gehen, bieten die Medien vielfältige Projektionen an. Medien können daher die Funktion eines Ersatzes für Erlösungsverheißung bekommen, das so lange für situativ-subjektive Befriedigung sorgt, wie ihr eine objektive Gegenwart entspricht. Medien bieten somit eine Möglichkeit der intuitiven Weltvergewisserung. Die Absicht, individuelle Glückserfahrung am sinnlichen Genuss von Medien zu verorten, kommt dem Versuch der Wiederverzauberung der Wirklichkeit gleich, die zuweilen mithilfe von Illusionsbildung gelingt. Für Medienfans haben die Medien daher längst die Funktion einer säkularen Religion. Dies werde ich an ausgewählten Beispielen näher beschreiben. Zuvor bedarf es der Erläuterung, was unter Mythen und Symbolen zu verstehen ist.

Mythen und Symbole

Wichtiger als die Sinneserfahrung ist die Bedeutung, die der beobachtete Gegenstand in der Wahrnehmung erhält. Ein Abbild deutet nicht nur auf ein konkret erfahrbares Objekt (Zeichen), sondern kann immer auch eine Botschaft mit symbolischen Bezügen enthalten. Das Symbol hat somit neben seiner Mitteilungs- insbesondere eine Bedeutungsfunktion. Symbole dienen dazu, das Unsichtbare als Anschaubares begreiflich zu machen. Spielfilme, Videoclips und insbesondere Werbung treten an die Stelle früherer Orte der ›Sinnstiftung‹ (Kirche, Staat, Familie). Das Heilsversprechen der Religion wird von ihnen ›beerbt‹.

Die Wirksamkeit von Mythen bis in die heutige Zeit steht nach Auffassung von Eliade im Zusammenhang mit unserer Tendenz, geschichtliche Figuren einem mythischen Modell anzugleichen und das Ereignis in die Kategorie einer mythischen Handlungen einzuordnen ⟨ELIADE 1994⟩. Maximal bleibt ein geschichtliches Ereignis oder eine authentische Gestalt zwei bis drei Jahrhunderte im Gedächtnis eines Volkes erhalten.

Das beruht auf dem Umstand, daß das Gedächtnis eines Volkes nur mühsam ›individuelle‹ Ereignisse und ›authentische‹ Gestalten festzuhalten vermag. Das Gedächtnis funktioniert mit Hilfe völlig anderer Strukturen: *Kategorien* anstelle von *Ereignissen*, *Archetypen* anstelle von *historischen Gestalten*. ⟨ELIADE 1994, 57⟩

Das kollektive Gedächtnis ist ungeschichtlich und bewahrt das Exemplarische und nicht das Individuelle. Dieses Exemplarische wiederum steht in Übereinstimmung mit einer archaischen Ontologie.

Archetypen bilden das verdeckte phylogenetische Potenzial der Vergangenheit, sie entsprechen universalen Strukturen der Psyche und werden von JUNG als die »Bewirker« und »Anordner« der allgemein menschlichen Symbolkombinationen angesehen ⟨JUNG 1984⟩. Sie treten uns gegenüber in überraschender Gleichförmigkeit, dies sowohl in Mythen, Märchen, Folklore als auch in Kunstwerken aller Völker und Zeiten. Er hält die Archetypen für »a priori Determinanten« der Imagination und des Verhaltens. Sie werden interpretiert als anthropologische Konstanten des Abbildens und Erlebens.

Vom Unbewußten gehen determinierende Wirkungen aus, welche, unabhängig von Übermittlung, in jedem einzelnen Individuum Ähnlichkeit, ja sogar Gleichheit der Erfahrung sowohl wie der imaginativen Gestaltung gewährleisten. Einer der Hauptbeweise hierfür ist der sozusagen universale Parallelismus mythologischer Motive, die ich wegen ihrer urbildlichen Natur *Archetypen* genannt habe. ⟨JUNG 1984, 130⟩

Vererbt werden jedoch nicht, wie C. G. JUNG vermutete, die einzelnen Bilder oder Mythen, sondern der Drang des Individuums, gleichbleibende Vorstellungen im Zusammenhang mit einem bestimmten Thema zu entwickeln. Bei diesem Modell entspricht das kollektive

Unbewusste einem Mutterboden, aus dem neben dem Ich-Bewusstsein alle menschlichen Möglichkeiten der geistigen und seelischen Entfaltung hervorgehen.

Heldenreise

In den Archetypen sind personifizierte Symbole unterschiedlicher menschlicher Eigenschaften zu identifizieren. Sie sind daher Bestandteil der universellen Sprache der Geschichtenerzähler. Wie sich der Archetypus »Held« im Spielfilm darstellt, möchte ich beispielhaft skizzieren. Wir betrachten die Welt aus der Sicht des Helden, projizieren uns in die Psyche des Helden, somit werden wir für die Dauer des Filmes selbst zum Helden. Der Held ist das Fenster zur Story. Jeder Held ist die aktivste Figur, sein Handeln, sein Wille bringt die Story voran. Er bietet dem Publikum einen Zugang zum Geschehen. Der Held hat universelle Eigenschaften, Gefühle und Motivationen, die jeder von uns wiedererkennt. Dadurch können wir uns mit ihm identifizieren, so z. B. Sehnsucht nach Liebe und Verständnis, der Wille zum Erfolg, der Überlebenstrieb, Suche nach Selbstverwirklichung, Verlangen nach Rache, Wunsch nach Freiheit, Wunsch und Unrecht aus der Welt zu schaffen.

Der Erfolg der modernen Unterhaltungsindustrie ist ohne den gezielten Einsatz von Mythen nicht möglich. Gerade aufgrund der Absicht der Kulturindustrie, ihre Produkte weltweit zu vermarkten, bedarf es Geschichten, die auf interkulturell vertraute Muster zurückgreifen und alle Menschen berühren. Die internationale Vormachtstellung der amerikanischen Unterhaltungsindustrie verdankt ihren Erfolg den Kenntnissen und dem Einsatz von Mythologien (vgl. GORDON / MEISER 1994, 93). Während bis in die zweite Hälfte der 70er-Jahre die Erzählmuster der Märchen und Heldensagen, die mythogenen Stoffe, eher unbewusst benutzt wurden, setzten danach die Regisseure Trends, die von der Bedeutung mythischer Themen wussten. Keith Cunningham und Thomas Schlesinger entwickelten eine eigenständige Drehbuchlehre, die inzwischen als Handwerkszeug von erfolgreichen Hollywoodautoren eingesetzt wird. Sie knüpfen an den von CAMPBELL geprägten Begriff »Monomythos« an (CAMPBELL 1978). Monomythen enthalten, so die These von CAMPBELL, eine gemeinsame Struktur und verbindende Erzählmuster, die allen Kulturen gleich sind. Da die Motive der Heldenreise dem universellen kollektiven Unbewussten entspringen und damit universelle Befindlichkeiten widerspiegeln, können sie von allen Menschen empfunden werden. Mithilfe der Story überprüfen wir unsere Vorstellung und Empfindungen über bestimmte menschliche Eigenschaften.

Der Archetyp des Helden repräsentiert das Ich. Genau genommen geht es bei der Heldenreise um die Suche des Ich nach Identität und Ganzheit. Er muss allerdings lernen, die Fesseln und Illusionen des Ichs zu überwinden. Er hat die Aufgabe, seine heterogenen Aspekte zu einem einheitlichen, ausgewogenen Wesen zu formen. Wichtig ist zu wissen, dass die Filmakteure in der Regel unterschiedliche Aspekte des eigenen Selbst repräsentieren. Je mehr Konflikte in der Heldenfigur toben, desto interessanter ist sie. Aus diesem Grunde lieben die Zuschauer Helden, die mit persönlichen Problemen ringen und versuchen, sie zu meistern. Es geht dabei um eine Mischung von Universalität und Originalität. Eine Figur wird menschlicher, wenn sie interessante Fehler aufweist. Das Meistern von persönlichen Problemen, das Ringen mit inneren Konflikten wird vom Publikum gemocht. Im Verlauf des Filmes macht der Held Lernprozesse durch, er überwindet Hindernisse.

Der Held ist ein Symbol für die stetige Transformation der Seele und für den Lebensweg eines jeden Menschen. Und die Reise des Helden besteht aus den einzelnen Stationen dieses Fortschreitens – den natürlichen Stufen des Lebens und der Entwicklung. (VOGLER 1997, 81)

Unvollkommenheit ist daher der notwendige Ausgangspunkt für eine Weiterentwicklung einer Figur.

VOGLER hat ebenfalls ein Drehbruchkonzept erarbeitet, das auf der Heldenreise aufbaut (VOGLER 1998). Nach seiner Überzeugung hat der Held bei seiner mythischen Reise zwölf Stationen zu durchleben. Das Erfolgsrezept des Spielfilms verläuft wie folgt:

Die meisten Filme beginnen mit der Darstellung der gewohnten Umgebung des Helden (1. Gewöhnliche Welt). In der gewöhnlichen Welt sind bereits die künftigen Spannungen und Herausforderungen zu finden. Die Probleme und Konflikte des Helden warten darauf, aktiviert zu werden. Es tritt eine Störung ein oder ein Konflikt entsteht. Daraufhin wird ein Held (Erlöser) gesucht (2. Berufung). Der Held steht vor der Herausforderung, sich auf das Abenteuer einzulassen. Das Ziel des Helden wird deutlich. Er muss eine Herausforderung bestehen, sein Leben ändern, einen Schatz finden, einen Traum verwirklichen, Unrecht aus der Welt schaffen, einzelne Personen oder eine Gruppe aus einer Zwangslage befreien, die lokale oder die universelle Ordnung, die aus dem Lot ist, wiederherzustellen. Meist zögert der Held, die Schwelle zum Abenteuer wirklich zu übertreten. Der Held weigert sich (3. Weigerung), er muss erst seine Ängste überwinden. Es bedarf eines zusätzlichen Motivs, wie z. B. das Eintreten neuer Umstände, ein weiteres Vergehen, die Ermutigung durch den Mentor, den Tod oder die Entführung eines Freundes oder eines Verwandten. Bevor der Held aufbricht zu seinem Abenteuer, holt der Held sich Rat. Meist wird die Quelle verkörpert durch einen Mentor (4. Begegnung mit dem Mentor). Der Mentor steht für die Quelle der Weisheit. Er bringt die allgemeine Erfahrung zum Ausdruck, dass wir jemanden brauchen, von dem wir Lektionen über das Leben lernen. In der Märchen- und Sagenwelt suchen die Helden Rat und Hilfe bei Zauberern, Hexen, Geistern und Göttern.

Der Held übertritt nunmehr eine Schwelle (5. Übertreten der Schwelle), dabei begegnet er den Schwellenwächtern. Die Schwelle zeigt die Grenze zwischen der alten und der neuen Welt. Sie wird versinnbildlicht durch Türen, Tore, Durchgänge, Bögen, Wüsten, Schluchten, Mauern, Klippen, Meere und Flüsse. Hier beginnt das eigentliche Abenteuer. An diesem Punkt hat der Held seine Angst überwunden. Er hat sich entschlossen zu handeln. Der erste Eindruck der neuen Welt steht im scharfen Kontrast zur gewöhnlichen Welt. Der Held muss Proben bestehen. Dabei handelt es sich um die Fortführung der Ausbildung durch den Mentor. Der Held macht sich Feinde. Der Feind tritt ihm als Schatten, Schwellenhüter oder als Trickster gegenüber. Der Held gewinnt aber auch Verbündete und findet Unterstützung bei Freunden (6. Prüfungen, Feinde und Verbündete).

Der gefährlichste Ort für den Helden (geheimste Höhle) ist oft im Untergrund verborgen (Hauptquartier des Feindes, Reich der Toten). Dort befindet sich das Ziel seiner Wünsche. Dabei wird die zweite wichtige Schwelle übertreten (7. Annäherung an den heiligen Bereich der Erkenntnis). Es kommt zu Konflikten und Kämpfen als Ausdruck des inneren Kampfes. Hier kommt es zu einer Konfrontation mit dem Tod (allergrößte Gefahr). Der Held stirbt (scheinbar) und wird im wörtlichen und symbolischen Sinne wiedergeboren (8. Äußerste Prüfung – Tod und Wiedergeburt). Er hat die wichtigste Probe überstanden. Die begrenzten bisherigen Vorstellungen und damit auch das Ego sterben und an die Stelle tritt ein neues Bewusstsein der Allverbundenheit *(apotheosis)*. Aus dem Überstehen tödlicher Gefahren entstehen neue Kräfte und neue Fähigkeiten. Der Held gewinnt neue Erkenntnisse, er wird in ein Mysterium eingeweiht. Es kommt zu einer Initiation – Aufstieg zu einem höheren Rang (Bewusstsein). Der Held erkennt, wer er eigentlich ist, und nimmt seinen Platz in der Ordnung der Dinge wahr (9. Belohnung und Elexier).

Der Held erlebt die Konsequenzen aus einer Begegnung mit den dunklen Mächten (Verfolgungsszenen). Die Reise des Helden entspricht einer Kreisbewegung. Obwohl die andere Welt eine magische Anziehungskraft besitzt, entscheidet sich in der Regel der Held zurückzukehren. Oft bedarf es eines Anstoßes, um wieder zum Licht zu gelangen (10. Rückkehr). Ehe er in die gewöhnliche Welt zurückkehrt, muss er sich einer allerletzten Prüfung, seiner Auferstehung stellen. Das Geschehen um Sterben und Wiedergeburt wird wiederholt. Zum letzten Mal holen die Mächte des Todes noch einmal zu einem letzten Schlag aus. Es handelt sich daher um eine Abschlussprüfung nach dem Erlebnis von Tod und Wiedergeburt. Es kommt zu einem abschließenden Kampf (11. Abschlussprüfung). Jetzt kehrt der Held in die gewöhnliche Welt mit seinem neu erworbenen Wissen (mit dem Elexier) zurück. (12. Rückkehr). Er wird die neue Erkenntnis an die Gemeinschaft weitergegeben.

Wenn auch die Reihenfolge bei vielen erfolgreichen Spielfilmen variiert wird, ist es gleichwohl verblüffend, wie in erfolgreichen Spielfilmen diese zwölf Handlungsmuster immer wieder Verwendung finden. Deutlich ist in diesem Monomythos auch der christliche Mythos erkennbar. Beim monomythischen Film handelt sich daher vor allem um ein erfolgreiches Erzählmuster in patriarchalischen Kulturen. Erstaunlicherweise lässt sich beobachten, dass seit Mitte der 80er-Jahre durch Videoclip und Werbung der Monomythos der Heldenreise seine Dominanz verloren hat. Bei modernen Genres gibt es zwar auch noch christliche Mythen, sie konkurrieren aber mit anderen Mythen um die Aufmerksamkeit des Publikums, wie ich das an anderer Stelle u. a. am Beispiel der Werbung nachgewiesen habe ⟨RÖLL 1998⟩. In diesem Text möchte ich beispielhaft die Aufmerksamkeit auf mythologische Elemente in der Kultur der Computerspiele richten. Damit dies verständlich ist, bedarf es zuerst einer Beschäftigung mit Stammesgemeinschaften.

Stammesgemeinschaften

Gesellschaftliche Organisationsformen, deren Organisationsform noch nicht durch komplexe Strukturen geprägt sind, werden in der Ethnologie mit dem Begriff »Stamm« bezeichnet. Die Verbindungsform bezieht sich auf die gemeinsame Abstammung bzw. gegenseitige Verwandtschaftsbeziehungen oder der Bezug auf eine geteilte kulturelle, religiöse oder mythische Identität. Der Begriff ›Stamm‹ kann als Verkürzung des Begriffs ›Baumstamm‹ verstanden werden. Alle Mitglieder eines ›Stammes‹ führen ihre Herkunft nach dem eigenen Selbstverständnis auf einen Stamm-(Baum) zurück. Im Lateinischen *stirbs* wird nicht nur Stamm, Wurzelstock und Wurzel verstanden, sondern auch ›Nachkomme einer Familie‹.

Ein eigenes, sich nach außen abgrenzendes Zusammengehörigkeitsgefühl wird durch eine gemeinsame Sprache und Kultur und ein geschlossenen Siedlungsgebietes entwickelt. Die Ureinwohner Australiens beziehen ihre Stammeszugehörigkeit auf einen gemeinsamen Ahnen. Nach dem Schöpfungsmythos der Aborigines, die »Traumzeit« genannt wird, schufen Ahnenwesen alles Existierende im Universum. Die doppelgeschlechtliche Regenbogenschlange Winggud (Bolong) gilt als Schöpferin des Lebens. Sie schuf auch die Wondjanas, die als personifizierte Kräfte (Ahnenwesen) über die Erde wanderten. Mit ihrem Tod hinterließen sie einen Abdruck, der zum Lebensprinzip wurde. Zugleich begründeten sie damit eine Erblinie, die Menschen mit Pflanzen und Tieren verband. Nach dem Tod teilt sich die Geistseele. Ein Teil geht zu den leiblichen Ahnen, der andere Teil zum jeweiligen Urahn. »In der Kosmologie der Aborigines ist alles und jedes, Zeit und Raum für immer verflochtenes, voneinander abhängig und verwandt.« ⟨VOIGT / DRURY 1998, 23⟩. Der jeweilige Urahn ist Stammesvater bzw. Stammesmutter der verschiedenen Stämme.

Wenn verschiedene Stämme mit der gleichen Abstammung sich zusammenschließen und sich gegenüber anderen Stämmen abgrenzen, konstituiert sich ein Volk. Beispielhaft sei auf die zwölf Stämme Israels verwiesen, die sich zum Volk der Israeliten vereinigten (2. Buch Moses). In Griechenland war der Stamm *(phyle)* eine Unterorganisation des Staates. In Athen hatten Personen kein Stimmrecht, wenn sie nicht Mitglied eines Stammes waren. Den unterschiedlichen Stammesmodellen gemeinsam ist die Vorstellung einer unilinearen Abstammung als Grundlage der gesellschaftlichen Organisation. Allerdings gab es auch Stämme, deren Zusammenhalt sich über fiktive Verwandtschaften, so z. B. einen gemeinsamen Geschichtsmythos definierte. Ein weiterer Grund für die Organisation des Stammes als Lebensgrundlage war die wirtschaftliche Notwendigkeit des Zusammenhalts der Hirtenvölker im Kampf um Weidegebiete gegen andere Gruppen. Die Bildung einer Kampfgemeinschaft, die von ihren Mitgliedern Solidarität einforderte, kann ebenfalls zur Bildung von Stammesgemeinschaften führen. Die Gründung von Stämmen kann somit sowohl soziobiologisch als auch kulturhistorische Ausgangsbedingungen haben.

Gens, Sippe und Clan

Die Verwendung des Begriffs ›Stamm‹ ist umstritten, da er aufgrund gesellschaftspolitischer Diskussionen ideologisch missbraucht wurde. Gleichwohl hat in Fachkreisen die Beschreibung bestimmter lokaler Gesellschaftsformen als Stämme nach wie vor eine weitgehend unbestrittene Bedeutung. Auffallend ist auch, dass sich Bevölkerungen mit einer überwiegend islamischen Bevölkerung wie in Nordafrika und im Nahen Osten in den meisten Fällen mit Stammeseinheiten identifizieren.

Gens war bei den Römern eine Bezeichnung für eine Sippe oder Gruppe von Familien, die in Bezug auf einen gemeinsamen Ahnen denselben Namen *(nomen gentile)* trugen. Im römischen Familienrecht bezeichnete das Wort *gens* eine blutsverwandte Sippe, deren geradlinige Abstammungsfolge zu eindeutigen Rechtsverhältnissen führen sollte. Der Volksstamm wurde als Summe der *gentes* angesehen. Später wurde mit *gentes* auch die Weitergabe konstruierter Traditionen verstanden, die in der Summe das Modell einer Gesellschaft verkörperten.

Mit ›Sippe‹ (althochdeutsch: *sippia*, altnordisch: *sifjar*) wurde bei den Germanen das Verhältnis der Blutsverwandtschaft innerhalb einer vaterrechtlich organisierten Gruppe bezeichnet. Etymologisch ist das

Wort identisch mit dem Namen der Göttin Sif (Gattin des Donnergottes Thor). Aktuell gilt ›Sippe‹ als Bezeichnung für eine Großfamilie mit (vermuteter) gemeinsamer Herkunft. In vorstaatlichen Gesellschaften hatte sie eine bedeutende religiöse, wirtschaftliche und politische Bedeutung. Es handelt sich um eine Gruppe von Menschen mit gemeinsamer Abstammung, die u. a. durch gleiche Vorschriften und Bräuche miteinander verbunden sind. Heute wird der Begriff ›Sippe‹ als unscharfer Begriff für die Gesamtheit der Blutsverwandtschaft und Schwägerschaft einer Person in auf- und absteigender Linie, einschließlich der Seitenverwandten, ihrer Ehepartner und Nachkommen verwendet. In der Ethnologie wird der Begriff ›Sippe‹ eng mit dem Begriff ›Klan‹ (Clan) in Beziehung gesetzt.

Ursprünglich bezeichnete ›Clan‹ (gälisch: *glann*, ›Kinder, Abkömmling‹) eine Gruppe von Familien in Schottland und Irland, die sich auf eine gemeinsame Abstammung und Herkunft beriefen und ein abgegrenztes Gebiet bewohnten. In der Ethnologie wird mit ›Clan‹ eine Verwandtschaftsgruppe bezeichnet, die sich auf einen gemeinsamen Vorfahren bezieht (Stammmutter oder Stammvater), unabhängig davon, ob diese Abstammung genau und lückenlos hergeleitet werden kann.

Im Alltagssprachgebrauch drückt der Begriff nicht nur verwandtschaftliche Beziehungen aus, sondern bezeichnet auch eine durch ein gemeinsames Interesse verbundene Gruppe, die meist eine besondere politische oder religiöse oder weltanschauliche Position vertritt (z. B. Ku-Klux-Klan, Highlander-Clan).

Konzentrische Perspektive

In Weltwahrnehmung von Stammesgemeinschaften ist meist durch die kosmische oder konzentrische Perspektive geprägt. Sie organisiert sich um ein Zentrum. Sie ist gekennzeichnet durch einen zentralen Punkt oder eine Mittelachse. Ein räumlich zentriertes System ist die Erde, wo die Anziehungskräfte der Schwerkraft im Erdmittelpunkt konvergieren. Es ist das genetisch primäre Wahrnehmungssystem und ist gekennzeichnet durch seine Unabhängigkeit von äußeren Einflüssen. Die Mitte (Stamm, Sippe, Clan) ist als fester Punkt der Bezug des konzentrischen Systems. Um die Mitte schließt sich ein Kreis, der als Symbol der konzentrischen Perspektive bezeichnet werden kann.

Der Kreis bezeichnet ein Außen und ein Innen. Die frühesten bekannten Mythologien gehen von einem durch den Kreis geprägten konzentrischen Weltbild aus. Die Horizonte sind auf die lokale Umgebung bezogen und beziehen sich auf das Stammesdenken. Der Stamm und seine Landschaft gelten als das Universum. Den Lebensbedürfnissen des eigenen Volkes wird Vorrang vor den Interessen anderer zugestanden. Das Zentrum wurde nicht nur mit dem zentralen Ort (Heiligtum, Tempel), sondern auch mit dem Volk gleichgesetzt. In der Mitte stand das von den Göttern jeweils ausgewählte Volk. Die Stammesmythen sind daher ausnahmslos ethnozentrisch.

Familien- und Freundeskreis erinnern ebenfalls an die Bedeutung der Kreismetapher. Im Kreis erfährt der Mensch sich als Teil eines zusammengehörenden Ganzen. Der Mikrokosmos des Selbst ist aufgehoben im Makrokosmos des Erdkreises. Der Kreis bildet eine klare Mitte. Der Kreis umfängt und schützt. Von seinem Zentrum sind alle Punkte der Kreisperipherie gleich weit entfernt.

An anderer Stelle habe ich ausführlich begründet, dass sich die Perspektive der Weltwahrnehmung im Verlauf der Geschichte geändert hat (RÖLL 1993). Neben der konzentrischen und der isometrischen Perspektive (Bedeutungsgehalt des Bildes dominiert, Wechsel der Betrachterperspektive) hat vor allem die Zentralperspektive (Trennung von Objekt und Beobachter, objektiv richtige Darstellung der physischen Natur) die Weltwahrnehmung in Europa geprägt. Heute ist eher von einer holografischen Perspektive auszugehen. Diese Perspektive hebt den Abstand zwischen Objekt und Subjekt wieder auf. Virtuelle Realität (z. B. Computerspiele) lässt sich daher auch beschreiben als eine Antwort auf das Verlangen nach umfassender Erfahrung. In der Tradition des westlichen Denkens sind Innen und Außen getrennt. Die Fähigkeit zwischen Ich und der Welt zu unterscheiden und damit Distanz zum Reflektieren, zum Nachdenken zu erhalten ermöglicht einerseits die reflexive Erkenntnis und bildet die Grundlage der europäischen Philosophie. Andererseits drückt sich durch diese Trennung eine Aufhebung der ursprünglichen Einheit von Mensch und Natur aus.

In der virtuellen Spielewelt ist der Nutzer zwar abhängig von den errechneten Programmen und damit bezogen auf die jeweilige Perspektive der Programmierer. Nur gibt es in der virtuellen Spielewelt nicht mehr einen einzelnen Fluchtpunkt, der eine ideale Betrachterposition induziert. Die Perspektive des Nutzers ist variabel und vermittelt dem Nutzer das Gefühl eigenständiger Erfahrungsprozesse. Der Nutzer erlebt sich als aktiv Mitwirkender in einer Welt, die ihn von allen Seiten umschließt. Während wir durch die Verinnerlichung der Zentralperspektive als wesentliche Form der Aneignung von Wirklichkeit eher auf eine von uns getrennte Welt blicken, von der wir ausgeschlossen sind, vermittelt die Erfahrung der virtuellen Spielewelt den Eindruck Teil der Gesamtheit des Erfahrungsraumes zu sein, d. h. bei dieser Perspektive ist die Ontologie des konzentrischen Weltbildes integriert. Mit virtuellen Spielewelten eröffnen wir uns die Chance, eine Welt zu generieren, die die euklidischen Gesetze nicht negiert, jedoch darauf aufmerksam macht, dass sie nur einen Teil der Welt erklären kann.

Verblüffend ist, dass Kinder die konzentrische Perspektive favorisieren und sich die anderen Perspektiven erst im Laufe der Sozialisation aneignen. Es kann vermutet werden, dass ein Aspekt der Faszination, die Computerspiele auslösen, auch damit in Verbindung steht, dass der Spieler eine ontologische Verortung erlebt.

Dunbar-Zahl

Die Suche nach einer konzentrischen Perspektive gibt Hinweis auf den Bedarf Lern- und Erfahrungsprozesse mit einer überschaubaren Gruppe von Menschen zu erleben. Dabei stellt sich die Frage, wie groß eine Gruppe maximal sein kann, damit der Einzelne mit den Mitgliedern der Gemeinschaft in proaktivem Kontakt steht. Mit dieser Frage hat sich ROBIN DUNBAR, Anthropologe, Primatologe und Psychologe, auseinandergesetzt 〈DUNBAR 1993〉. Die eigene Gruppe ist für ihn der wichtigste Aspekt seiner Umgebung für in Gruppen lebenden Wesen. Er fand heraus, dass geschlossene soziale Gruppen wie Clans, Kampfverbände oder Dorfgemeinschaften oft eine Gruppengröße von 150 Personen haben. Er untersuchte den Zusammenhang zwischen der Größe von Gehirnen und die Größe von Freundeskreisen. DUNBAR fand heraus, dass es eine Korrelation gibt zwischen der Größe des Gehirns und der Größe der Gruppe, in der das Lebewesen lebt. Hieraus ergibt sich die »Dunbar-Zahl«. Sie beschreibt das Verhältnis von Gehirnaufbau bei Säugetieren zu ihrer Gruppengröße. Bei Menschen beträgt sie nach Auffassung von DUNBAR ca. 150.

Als theoretische kognitive Grenze könne ein Individuum max. mit 150 Mitgliedern eine soziale Beziehung unterhalten. Der Zeitaufwand, der in die Investition einer Beziehung aufgebracht werden müsse, lasse auch in der modernen Welt keine größere Anzahl an Kontakten zu. Mehrere aktuelle Untersuchungen scheinen dies zu bestätigen. Es scheint so, dass diese Dunbar-Zahl auch für die virtuellen Netze gilt, zumindest gilt dies für Twitter, dies das Ergebnis einer Studie von BRUNO GONCALVES u. a., die 380.000 Tweets von drei Millionen Nutzern auswerteten (2011, zit. in RETTIG 2011). Zwischen 100 und 200 Nutzer standen maximal in Kontakt stand, d. h. sie unterhielten sich regelmäßig und kommunizierten miteinander. Das Cameron Marlows Data Team fand in einer Studie über Soziale Netzwerke heraus, dass die durchschnittliche Zahl an Freunden bei Facebook bei 120 Personen liegt (HEINRICH 2011). Personen, die über 500 Kontakte hatten, kommunizierten nur mit ca. zwölf Personen von ihnen regelmäßig.

Die Berechnungen von DUNBAR beziehen sich auf Primatenhirnen. Nicht beachtet wird, dass sich unser Gehirn auch weiterentwickeln kann. Da sich technische Hilfsmittel die zwischenmenschliche Kommunikation vereinfachen, könnte es durchaus möglich sein, dass wir auch in der Lage sind, mit einer weitaus größeren Zahl von Menschen Kontakte zu pflegen. Allerdings verweisen diese Studien darauf, dass die Mehrzahl der Menschen nur mit einer geringen Anzahl von Personen in permanentem Austausch steht. Hilfreich zum weiteren Verständnis ist das Konzept »Enterprise 2.0« von Andrew McAfee, derzeit Forscher an der MIT School of Management. Es wurde zwar für Kommunikationskulturen in Unternehmen konzeptioniert. Die Binnenstruktur des Konzeptes scheint mir aber auch übertragbar zu sein auf soziale Beziehungs- und Kommunikationsstrukturen generell.

Bei Beziehungen unterscheidet Andrews vier unterschiedliche Levels. Der innerste Ring repräsentiert einen kleinen Kreis von engen und somit starken Beziehungen *(strong ties)*. Der zweite Kreis steht für schwache Beziehungen einer Person, Personen mit denen man punktuell, sach- und themenbezogen zusammenarbeitet. Hier geht es um Innovation, nichtredundante Informationen und die Überbrückung von Netzwerken *(weak ties)*. Die beiden ersten Kreise beziehen sich auf das Konzept der Stärke von schwachen Beziehungen von GRANOVETTER (GRANOVETTER 1973). Der dritte Ring verweist auf Personen, die Kompetenzen, Wissen und Informationen für die eigene Entwicklung beitragen können, wenn man Kontakt zu ihnen hätte. Es handelt sich um potenzielle und nicht um reale Kontakte. Es gibt keine Brücken, um die Kontakte zu erschließen. Es bedarf einer guten Position im Netzwerk bzw. der Motivation Mitglied in einem neuen Netzwerkes zu werden, um diese Ressourcen zu erschließen. Der vierte Ring verweist auf Personen, zu denen kein Kontakt besteht und auch nicht zu erwarten ist, dass Kontakte zustande kommen. Gleichwohl hat dieser Ring mittelbaren Einfluss auf Personen (globales Wirtschaftssystem, kollektive Intelligenz).

Die Diskussion über die Dunbar-Zahl zeigt, dass die Verortung von Menschen, der Bedarf nach Kommunikation und Kontakt vorzugsweise in überschaubaren Gruppengrößen gesucht wird. Erweiterte Freundes- bzw. Bekanntenkreise werden nur partiell in das persönliche Kommunikationssystem integriert.

Clan und Gilde im Computerspiel

In der Welt der Computerspiele haben Organisationsformen wie Clan und Gilde eine wichtige Bedeutung. Diese Begriffe verweisen auf Strukturelemente der Gesellungsform in der Computerspiele stattfinden. Mannschaften bzw. Vereine im E-Sport werden als »Clan« bezeichnet. Zum ersten Mal wurde 1996 im Computerspiel *Quake* der Begriff verwendet. Bei diesem Spiel konnten sich die Spielervereinigungen offiziell als »Clan« registrieren lassen. Seit dieser Zeit hat sich der Begriff als Bezeichnung für Vereinigungen von Computerspielern etabliert. Bereits 2005 gab es 40.000 Clans. Clans können ein Verein, eine Personen- oder Kapitalgesellschaft oder eine Sammlung von einzelnen Personen sein.

Das Ziel von Clans ist es, aktiv an Ligen und Turnieren teilzunehmen. Es gibt allerdings auch Clans, bei denen die gemeinschaftlichen Aspekte des Computerspielens im Zentrum des Interesses stehen. Meist werden diese Gruppen als »Funclan« bezeichnet. Während sich zu Beginn des E-Sports die Clans auf einzelne Computerspiele konzentriert haben, verstehen sich heute viele Clans als Multi-Gaming-Clan. Der Clan wird meist noch einmal in Teams oder *squads* (engl., ›Trupps‹) unterteilt. Sie bilden mehr oder weniger autarke Spielergruppen innerhalb des Clans. Sie treten unter dem Namen des übergeordneten Clans auf, konzentrieren sich dabei auf ein bestimmtes Spiel.

Das Selbstverständnis eines Clans wird durch einen eigenen Namen und ein passendes »Tag« gezeigt. Im Internet und bei Veranstaltungen wird der Clan durch den Namen identifizierbar. Der Clanname entspricht in seiner Funktion also einer Marke. Vor oder nach dem Spielernamen wird dieser Clantag eingefügt. Ein Spieler ist somit sofort einem Clan zuzuordnen. Üblicherweise besteht ein Clantag aus den Claninitialen, die von Sonderzeichen eingeklammert werden.

Im Laufe der Zeit haben sich zwei Grundmodelle von Clan-Organisationen herausgebildet. Der moderne Clan hat ein Management, das den Clan verwaltet und sich um die strategische Zielsetzung kümmert. Es gibt Organisationen, die die Planungen des Managements durchsetzen. Dann gibt es Teamleiter bzw. Teammanager, die für die organisatorischen Belange der Mannschaft zuständig sind. Am Ende der Hierarchie stehen die Spieler. Bei diesem Clan-Modell handelt es sich um ein zweck- und leistungsorientiertes System, das an der Akkumulierung von Gewinn orientiert ist, vergleichbar mit professionellen Fußballspielern. Es gibt kein höheres weltanschauliches Ziel, auch soziale Interaktionspotentiale zwischen den Spielern sind dem Leistungsgedanken untergeordnet. Die Spieler stehen normalerweise in einem vertragsgebundenen Verhältnis zu dem Clan.

Beim traditionellen Clanmodell verwaltet und organisiert der *Clanleader* (engl., ›Clananführer‹) den Clan. Meist handelt es sich um den Gründer oder einen ehemaliger Spieler. Der Co-Leader unterstützt ihn bei seiner Arbeit. Die *Team-* oder *Squadleader* (engl., ›Mannschaftsanführer‹) vermitteln zwischen dem Clanleader und den Teammitglieder, deren Anführer sie sind. Der *War-Orga* (engl., etwa ›Wettkampforganisator‹) hat die Aufgabe, Gegner oder Trainingspartner zu suchen sowie Spieltermine zu vereinbaren. Die Spieler sind normale Mitglieder des Clans. Wenn auch bei dieser Clanform die Wettbewerbs- bzw. Leistungsorientierung deutlich dominiert, lassen sich Bezüge zum traditionalen Verständnis von Clans herstellen. Es handelt sich um hierarchisch organisierte Gruppen von Personen, die nicht durch Blutsverwandschaft, sondern durch das gemeinsame Interesse an E-Sport verbunden sind. Wie der ursprüngliche Clan die Interessen der einzelnen Mitglieder zugunsten des gesamten Clans ignorierte, ordnen sich bei den Spiele-Clans die Mitglieder, solange sie zum Clan gehören, dessen Zielen unter.

Bei MMORPGS *(massively multiplayer online role-playing games)* haben sich die Bezeichnungen Gilde, Bündnis und Allianz durchgesetzt. Vor allem der Begriff ›Gilde‹ ist geeignet, Bezüge zu Stammesverortungen herzustellen, daher beziehe ich mich im Folgenden auf diese Bezeichnung. Als ›Gilde‹ (von altnordisch *gildi*, ›Genossenschaft‹) wurde im Mittelalter ein besiegelter Zusammenschluss von Kaufleuten (Patriziern) einer Stadt zum Schutz und zur Förderung gemeinsamer Interessen bezeichnet. Die Handwerkergenossenschaften, die ähnliche Interessen hatten, wurden »Zünfte« genannt. Es gab aber auch Söldner- und Kriegergilden (Sicherheit gegen Entgelt). Heute wird der Begriff auch für einen Zusammenschluss Gleichgesinnter, bspw. als Künstlergilde, Gilde deutscher Filmkunsttheater, Musikgilde und Spielergilde benutzt.

Bei *World of Warcraft* (WoW) handelt es sich um eines der beliebtesten Rollenspiele, bei denen Gilden eine besondere Rolle spielen, wenn auch die Beliebtheit des Spiels seit Anfang 2013 sinkt. Am 30. Juli 2013 gab es weltweit nur noch 7,7 Millionen Abonnenten, den Höchststand an Abonnenten gab es im vierten Quartal 2010 mit weltweit mehr als 12 Millionen Abonnenten. Wenn mindestens vier Spieler sich zusammenschließen und eine Gildensatzung unterzeichnen, können sie auf einem Server eine Gilde gründen. Gildenmeister ist der Avatar, der die Satzung erwirbt und sie von den anderen unterschreiben lässt.

Gilden sind Wahlgemeinschaften, die in unterschiedlicher Weise miteinander kooperieren. So werden untereinander Gegenstände günstiger getauscht, verkauft oder verschenkt. Die Lösung von *Quests* (Aufgaben) können durch gegenseitige Ergänzung schneller erreicht werden, indem bspw. ein Bergmann einen Schmied mit Erzen versorgt. Wenn man oft mit den gleichen Leuten zusammenspielt, wird zudem das Spielgefühl in einer Gilde intensiviert und verbessert. Ohne Gilde ist es nahezu unmöglich, die schweren *Dungeons* (Verliese) zu meistern, da hier ein sehr koordiniertes Zusammenspiel der Gruppe erforderlich ist. Wenn Herausforderungen gemeinsame bewältigt werden, erhält die Gildenbank eine Belohnung. Mit fortschreitender Entwicklung können die Gilden Fertigkeiten für ihre Mitglieder freischalten, z. B. schnellere Fortbewegung oder höhere Erfahrungspunktegewinn für niedrigstufige Charaktere.

Gilden knüpfen bewusst oder unbewusst an dem Mythos von Stammesgemeinschaften an. Mitglieder von Gilden erleben nicht nur Suche nach Anerkennung, Zwang des Mitmachens und des Erfolgs, sondern v. a. auch Gemeinschaftsgefühl, Geborgenheit, Geschmackskoalitionen, gegenseitiges Verständnis, Bereitschaft für Kooperation und Entlastung vor kognitiv-rationalen Anforderungen des Alltagslebens. Nach meiner Auffassung handelt es sich bei den Gilden (und traditionellen Clans) um die Reaktualisierung eines verklärten Verständnisses von Stammesgemeinschaft und damit um einen Prozess der Remythisierung als Antwort auf die gesellschaftliche Wirklichkeit.

Der besondere Wert von Online-Gemeinschaften liegt in dem (subjektiven) Gefühl der Wiederverzauberung; Online-Gemeinschaften bieten eine ontologische Verortung, bieten Orientierung, Hilfe und gemeinschaftliches Erleben. Sie fördern Potenziale und sind an den Ressourcen ihrer Mitglieder interessiert. Die Erfahrung der Solidarität und der gemeinsamen Erfahrung verdeckt die Wunde der Individualisierung (Zwang zur individuellen Flexibilität) und lässt ihre Mitglieder kollektive Erfahrungsräume erleben (vom Ich zum Wir). Vergleichbar den Stämmen und Clans der Frühzeit wird zwischen exogen (zum Stamm gehörig) und endogen (fremder Stamm) differenziert. Das nach außen abgrenzende Zusammengehörigkeitsgefühl wird durch eine gemeinsame Sprache und Spielkultur zum Ausdruck gebracht. Diese Vereinfachung wird als Entlastung gegenüber den mannigfaltigen Anforderungen, Verunsicherungen und Ambivalenzen des Alltags erlebt. Der permanenten Erfahrung des Verlustes von beständigen gesellschaftlichen Orientierungsrahmen bieten die Online-Gemeinschaften einen einheitlichen und geschlossenen Sinnhorizont vergleichbar der konzentrischen Perspektive der Stammesgesellschaften.

Online-Gemeinschaften und Entgrenzung

Im Verlauf des Modernisierungsprozesses kommt es zu einer fortschreitenden Beschleunigung. Die traditionalen Strukturen, verbunden mit deren Norm vermittelnden Werten, werden – wie bereits ausgeführt – zunehmend brüchig. Das Tempo des sozialen Wandels führt zu intergenerativ unterschiedlichen Adaptionen. Während in der Frühmoderne die Veränderungsbeschleunigung von einem intergenerationalen Tempo bestimmt war (Veränderungen bedürfen mehrerer Generationen), verläuft die Synchronisation in der Moderne innerhalb einer Generation. Nunmehr ist eine Beschleunigungsstufe erreicht, bei der es bereits innerhalb einer Generationen zu Brüchen kommt, daher kann von einem intragenerationalen Tempo gesprochen werden.

Prozesse des Erwachsenenwerdens ebenso wie Prozesse des Älterwerdens nehmen prekäre Züge an, wenn die Menge der kulturellen Bestände, die über die kurze Frist eines durchschnittlichen Lebens hin Geltungskonstanz haben, mit Desorientierungsfolgen zusammenschmelzen. ⟨LÜBBE 1998, 289⟩

Es ist zu erwarten, dass dies zu weitreichenden Konsequenzen für die soziale Integration und kulturelle Reproduktion führen wird. Die Begleiterscheinung der gesellschaftlichen Entwicklung ist Unsicherheit. Unsere Praxisformen, Handlungsorientierungen und unsere Beziehungsmuster sind von diesem Prozess tangiert. Er führt letztlich zu einer Beschleunigung des sozialen Wandels (Kultur). Während früher unsere kulturelle, religiöse und politische Praxis tendenziell aufeinander bezogen war, entstehen nunmehr nahezu beliebige Konstellationen. Die Entzauberungsdimension ⟨MANNHEIM 1964⟩ geht einher mit einer Erosion lebensweltlicher Gewissheit, der die subjektiven Selbstverhältnisse sowie die kulturelle Reproduktion nicht unberührt lässt.

Bei Computerspielen handelt es sich wie bei den anderen Medienerfahrungen um Reintegrationsbemühungen. Vergleichbare Prozesse ließen sich in folgenden Communities finden:

— **Facebook**   Soziales Netzwerk, das hilft, über Chronik, Aktivitäten, Freunde, »Gefällt mir«, Bewegungsprofil, Fotos, Medienpräferenzen und Veranstaltungen Geschmackspräferenzen deutlich zu machen, die wiederum dazu beitragen, schwache Beziehungen zu konstitutieren.
— **Scripted Reality**   Die »künstliche« Realität wird außerhalb des Fernsehens in Facebook fortgesetzt.
— **Quantified Self**   Ein Netzwerk von Anbietern, Entwicklern und Anwendern gibt Erfahrungsberichte auf Basis persönlicher Daten weiter. Das Motiv der Gruppenmitglieder liegt im Wunsch nach Verbesserung des körperlichen und emotionalen Wohlbefindens.

— **Figure Running** Eine App für das Smartphone, das eine Verschmelzung des sozialen und technologischen Raums ermöglicht und das tägliche Lauftraining mit einem »künstlerischen Ausdruck« verbindet.
— **Musik-Fankulturen** Die Heavy-Metal-Kultur ist im Kontext des sich auflösenden proletarischen und subproletarischen Milieus angesiedelt. Wie bei virtuellen Gemeinschaften geht es auch bei den Musikkulturen um Zusammengehörigkeitsgefühl. Symbole dienen zur Herstellung des Gemeinschaftsgefühls. Heavy Metal ist der Ort der Symbolisierung des Bösen in Form von Emblemen, Ritualen, Musik und Stil. Die soziale Ordnung mit ihren Hierarchien und Verboten wird durch das ekstatische Erleben suspendiert. Gesucht wird das Empfinden der Entgrenzung, ein ozeanisches Gefühl, das mit ekstatischen Körperbewegungen und Gesten, Mitsingen und Riten erzeugt werden soll.

Online- und Musikkultur-Gemeinschaften setzen sich im doppelten Sinne mit der Herausforderung der gesellschaftlichen ›Beschleunigung‹ auseinander. Während sie sich im übertragenen Sinne der Beschleunigung der gesellschaftlichen Entwicklung entziehen, trainieren sie zugleich die Handlungsfähigkeiten in beschleunigten Welten. Sie entwickeln eine ludische Kompetenz und zugleich die Fähigkeit der »Polychronizität«, der Befähigung, mehrere Informationsquellen gleichzeitig aufnehmen und Tätigkeiten simultan bewältigen zu können (Multitasking). Die ludische Kompetenz entspricht der ästhetischen Erfahrung. Der ästhetisch organisierte Bildungsprozess stellt Bezüge her zu Hypothesen, Fiktionen und Ereignissen, die noch nicht existieren. Ästhetische Ausdrucksformen sind Momentaufnahmen; sie fixieren nicht, sie geben eher Anstöße und repräsentieren innere Befindlichkeiten. Damit verbunden sind die Erschließung neuer Felder und Formen der Erfahrung und die utopische Korrektur am Bestand der bisherigen Welterfahrung.

In anschaulicher Weise eröffnet die ästhetische Erfahrung dem Menschen einen Verhaltensspielraum zu seiner bisherigen Lebenserfahrung. In der ästhetischen Erfahrung ist eine selbstzweckhafte Reflexion zur lebensweltlichen Existenz möglich. Wer sich selbst als veränderbar und nicht statisch erfährt, erlebt auch die soziale Umgebung als

veränderbaren Raum. Wer gelernt hat, mit ästhetischen Mitteln in
»Lebensräume« einzugreifen, hat gute Chancen, diese Erfahrungen auf
den Lebensalltag zu übertragen. Zugleich helfen die Gemeinschaften
bei der ontologischen Verortung bzw. der Konstitution von Identität in
postmodernen Lebensgemeinschaften.

Literatur

BECK, ULRICH (1986): Risikogesellschaft. Auf dem Weg in eine andere Moderne. Frankfurt am Main: Suhrkamp.

CAMPBELL, JOSEPH (1949): Der Heros in tausend Gestalten. Frankfurt am Main: Suhrkamp.

DEUTSCHE SHELL (Hrsg., 2000): Jugend 2000. 13. Shell Jugendstudie, Bd. 1. Opladen: Leske + Budrich.

DUNBAR, ROBIN (1993): Coevolution of neocortical size, group size and language in humans. In: Behavioral and Brain Sciences 16 (4), 681–735.

GRANOVETTER, MARK S. (1973): The strength of weak ties. In: The American Journal of Sociology 78 (6), 1360ff.

ELIADE, MIRCEA (1994): Kosmos und Geschichte. Frankfurt am Main / Leipzig: Insel.

FERCHHOFF, WILFRIED / NEUBAUER, GEORG (1997): Patchwork-Jugend. Eine Einführung in postmoderne Sichtweisen. Opladen: Leske + Budrich.

FLUSSER, VILÉM (1994): Schriften. Bd. 3: Vom Subjekt zum Projekt. Menschwerdung. Bensheim / Düsseldorf: Bollmann.

GORDON, MICHAEL / MEISER, HANS CHRISTIAN (1994): Madonna trifft Herkules. Die alltägliche Macht der Mythen. Frankfurt am Main: Krüger.

HABERMAS, JÜRGEN (1988): Individuum durch Vergesellschaftung. In: DERS.: Nachmetaphysisches Denken. Frankfurt: Suhrkamp.

HEINRICH, CHRISTIAN (2011): Forschen mit Facebook. In: DIE ZEIT Nr. 23, http://www.zeit.de/2011/23/T-Facebook/seite-3 (Zugriff: 7. Juli 2014).

JUNG, CARL GUSTAV (1984): Grundwerk. Bd. 2: Archetyp und Unbewußtes. Olten: Walter.

KEUPP, HEINER / HÖFER, RENATE (1997): Identitätsarbeit heute. Klassische und aktuelle Perspektiven der Identitätsforschung. Frankfurt am Main: Suhrkamp.

KEUPP, HEINER (2000): Identitäten in Bewegung – und die illusionäre Hoffnung auf den Körper. In: motorik 3/2001, 113–123.

LÜBBE, HERMANN (1998): Gegenwartsschrumpfung. In: BACKHAUS, KLAUS / BONUS, HOLGER (Hrsg.): Die Beschleunigungsfalle oder der Triumph der Schildkröte. 129–164.

MANNHEIM, KARL (1921–1922): Beiträge zur Theorie der Weltanschauungs-Interpretation. In: DERS.: Wissenssoziologie. Neuwied 1964: Luchterhand, 91–154.

MEAD, GEORGE HERBERT (1913): Die soziale Identität. In: DERS.: Gesammelte Aufsätze, hrsg. von HANS JOAS. Frankfurt 1980: Suhrkamp, 241-249.

RÖLL, FRANZ JOSEF (1993): Perspektivenwandel durch Cyberspace – Zum Wandel unserer Weltanschauung durch Virtual Reality. In: Medien Praktisch 3/1993, 53-68.

RÖLL, FRANZ JOSEF (1998): Mythen und Symbole in populären Medien. Der wahrnehmungsorientierte Ansatz in der Medienpädagogik. Frankfurt am Main: Gemeinschaftswerk der Evangelischen Publizistik.

SCHULZE, GERHARD (1993): Die Erlebnisgesellschaft. Kultursoziologie der Gegenwart. 4. Aufl., Frankfurt am Main / New York: Campus-Verlag.

VOGLER, CHRISTOPHER (1998): Die Odyssee des Drehbuchschreibers. Über die mythologischen Grundmuster des amerikanischen Erfolgskinos. Frankfurt am Main: Zweitausendeins.

VOIGT, ANNA / DRURY, NEVILL (1998): Das Vermächtnis der Traumzeit – Leben, Mythen und Traditionen der Aborigines. München: Delphi bei Droemer.

WEBER, MAX (1947): Gesammelte Aufsätze zur Religionssoziologie, Bd. 1. Tübingen 1963: Mohr.

SEBASTIAN WINTER

Die Faszination des völkischen »Heils« –
Zur Sozialpsychologie rechtsextremer Jugendlicher

»Rechtsextremismus« ist ein vielschichtiger und umstrittener Begriff. Ohne hier auf die Kritik an der Extremismustheorie eingehen zu können, die ihm zugrundeliegt,[1] muss zumindest geklärt werden, was im Folgenden gemeint ist, wenn von »rechtsextremen Jugendlichen« die Rede ist. Zu unterscheiden sind (mindestens) drei Ebenen:

1. die *Mentalität*: WILHELM HEITMEYER hat die »rechtsextreme« Mentalität als Syndrom gruppenbezogener Menschenfeindlichkeit beschrieben (HEITMEYER 2012). Dieses kognitiv-affektive Syndrom zeichnet sich durch eine psychische Tendenz aus, homogene Wir-Gruppen durch den Ausschluss von »Gemeinschaftsfremden« zu konstituieren: Gemeinschaftsstolz einerseits, Homosexuellen-, Ausländer-, Juden- und Obdachlosenfeindlichkeit andererseits. Die Homogenität der Wir-Gruppe wird nicht nur durch diese Ausschlüsse, sondern auch durch die gemeinsame Verehrung von »Führern« garantiert. Diese ausgrenzende und autoritäre Mentalität ist in der deutschen Gesellschaft weit verbreitet. In den repräsentativen »Mitte«-Studien, so genannt, weil die Autoren um OLIVER DECKER und ELMAR BRÄHLER den »Rechtsextremismus« als »politisches Problem in der Mitte der Gesellschaft« (2006, 158) fokussieren, werden 25 Prozent der Befragten als ausländerfeindlich eingestuft. Knapp 20 Prozent meinen, »auch heute noch ist der Einfluss der Juden zu groß«, fast 40 Prozent wünschen sich den »Mut zu einem starken Nationalgefühl« und gut 16 Prozent stimmen sogar der Aussage zu: »Was Deutschland jetzt braucht, ist eine einzige starke Partei, die die Volksgemeinschaft insgesamt verkörpert.« (DECKER / KIESS / BRÄHLER 2012, 33ff.).

---

[1]. Vgl. bspw. den Bericht über die Tagung »Ordnung. Macht. Extremismus« an der Universität Leipzig, auf welcher der Extremismusbegriff kritisch geprüft wurde, PRÜWER (2010).

2. die *Parteien*: Den Vorwurf rechtsextremer Einstellungen würden die meisten derjenigen, die so geantwortet haben, empört zurückweisen: Von den aufgrund ihres Antwortverhaltens von den Autoren als rechtsextrem Eingestuften wählen (abhängig von dem statistischen Maß für diese Einordnung) gut die Hälfte bis zu über zwei Dritteln CDU, CSU und SPD, nur 6 bis 15 Prozent geben ihre Stimme den Parteien rechts davon 〈DECKER / BRÄHLER 2006, 53〉. Rechtsextreme Parteien verorten sich im Gegensatz zu dieser Mehrheit der Vertreter rechtsextremer Einstellungen meist selbst am rechten Rand des politischen Spektrums. Sie versuchen als Sprachrohr für die Mentalitäten gruppenbezogener Menschenfeindlichkeit zu dienen, so Wähler zu gewinnen und entsprechende Positionen in den offiziellen politischen Raum zu tragen. Die Ausschöpfung des Wählerpotenzials gelingt ihnen allerdings zur Zeit in Deutschland aufgrund der weitgehenden Verurteilung der NPD durch die Vertreter der öffentlichen Meinung und die »Selbstzerlegung« der Partei kaum.

3. die *Szene*: Die rechtsextreme Szene bildet die subkulturelle Basis und wesentliches Mitgliederrekrutierungsbecken für die entsprechenden Parteien. Sie besteht keineswegs nur, aber doch überwiegend aus Jugendlichen und jungen Erwachsenen. Dies ist kein Zufall: Szenen sind für heutige Adoleszente ein zentraler Sozialisationsraum, in dem »Identitäten« im Abgrenzungsprozess zur familiären Herkunft konstruiert werden. Sie gliedern sich in einen Kern der SzenegängerInnen und ein Publikum auf:

> Man kann sich Szenen vorstellen als Arrangements von Akteuren, die [...] bestimmte, sozusagen dem unabdingbaren Kern der szenischen Kultur angehörende mentale Dispositionen und Ausdrucksformen teilen [...]. Jede Szene ist von einem mehr oder weniger großen Publikum umgeben, dessen Mitglieder sich in unterschiedlicher Weise und mit unterschiedlicher Intensität für das Szenegeschehen interessieren. Manche Teile des Publikums werden nur medial oder narrativ eher zufällig oder auf Nachfrage informiert, andere sind gelegentlich als Zaungäste am Rande der einen oder anderen Veranstaltung dabei, nochmals andere nehmen sporadisch oder vielleicht sogar regelmäßig an verschiedenen Szeneaktivitäten teil. 〈HITZLER / BUCHER / NIEDERBACHER 2001, 212〉

Szenemitglieder erkennen einander anhand eines »kollektiven Symbolapparates« 〈LANGEBACH 2012, 76〉. über den eine gemeinsame »Identität« ausgedrückt wird, welche sich mental und habituell niederschlägt. Statt durch (Groß-)Organisationen wie Parteien werden Szenen durch informelle Kleingruppen und Freundeskreise zusammengehalten. Derzeit bilden die »Freien Kameradschaften«, die sich in Deutschland seit der Welle von Partei- und Organisationsverboten der extremen Rechten in den frühen 90er-Jahren ausgebreitet haben, sowie »Rechtsrock«-Konzerte, Aufmärsche und Sonnenwendfeiern, Bekleidungsläden und Gastwirtschaften als Szenetreffpunkte und -events und Internetseiten zur Selbstverständigung und Außendarstellung die Struktur der rechtsextremen Szene. Diese Szene steht im Mittelpunkt der folgenden Ausführungen. Sie gelten – abgeschwächt – aber auch für die in der gesellschaftlichen »Mitte« verbreitete Mentalität von Autoritarismus, Wir-Gefühl und Ausgrenzung.

Der Zugang zur rechtsextremen Szene, zunächst als Publikum, dann als Szenegänger, wird in aller Regel nicht schon als Kind und auch nicht erst als Senior gefunden, sondern als Jugendlicher. Die Entwicklungsphase der Adoleszenz bildet das typische Einstiegsalter, oft erfolgt an ihrem Ende auch wieder eine Abwendung (von der Szene, nicht unbedingt von der Mentalität!). Es lohnt sich daher sicherlich einen Blick auf die entwicklungspsychologischen Charakteristika dieser Phase zu werfen, wenn die Motivation und die Prozesse der Hin- und Abwendung nachgezeichnet werden sollen. In den Theorien der sozialpsychologischen Rechtsextremismusforschung ist dies aber zunächst gar nicht selbstverständlich gewesen. Es lassen sich hier zwei klassische Schulen unterscheiden, die bis heute nachwirken: Einerseits die Autoritarismusforschung, die (früh-)kindliche Erziehungserfahrungen und sich dadurch herausbildende Persönlichkeitsstrukturen als Einflussfaktoren für autoritäre und ausgrenzende Einstellungen und Verhaltensweisen betont, andererseits situationistischen Ansätze, in denen hierfür nicht Alter und Persönlichkeit wichtige Variablen sind, sondern die Struktur der aktuellen Situation. Ich werde diese beiden Ansätze im folgenden kurz umreißen, ihre jeweiligen Schwachstellen benennen und anschließend ein aktuelles Modell vorstellen, dass durch die Integration eines dritten Elementes neben Person und Situation – nämlich des kollektiven Symbolapparates der rechtsextremen Szene – eine erweiterte Perspektive bieten kann. Dabei wird auch deutlich werden, warum die Adoleszenz für die Entwicklung einer rechtsextremen Orientierung so bedeutsam ist.

Autoritarismus

Das prominenteste und einflussreichste Werk aus dem Kontext dieser von der Psychoanalyse beeinflussten Richtung sind sicherlich die Studien zum autoritären Charakter von THEODOR W. ADORNO et al. ⟨1950⟩. Erarbeitet und durchgeführt während der Emigration in den USA, baut ihr Konzept auf Vorarbeiten aus der Weimarer Republik auf ⟨FROMM 1931, 1936⟩, die folgendes Szenario entworfen hatten: Historisch spezifische Familienstrukturen im deutschen Kaiserreich (mit einem der ökonomischen und massenkulturellen Entwicklung gegenüber ohnmächtigen und in der Kompensation seiner Schwäche tyrannischen Vater) führten zu historisch spezifischen Erziehungsformen (einer autoritären Drill-Erziehung). Diese wiederum hätten sich in den Kindern als autoritärer Sozialcharakter niedergeschlagen: Das Kind wird »gebrochen«, orientiert sich an Autoritäten, gewinnt eine innere Befriedigung aus dem Gehorchen und leitet seine Aggressionen an Schwächere ab – so wie es sein Vater bereits ihm gegenüber getan hatte. Diese Struktur bilde den lebenslangen Charakter der so erzogenen Menschen. Die autoritäre und ausgrenzende Mentalität der nationalsozialistischen Bewegung habe in diesen psychischen Dispositionen ihren Anknüpfungspunkt gefunden. Sie bot bewunderungs- und unterwerfungswürdige Führer sowie Feinde, die zu hassen erlaubt war. »Projektion« ist in diesem Zusammenhang der zentrale psychodynamische Mechanismus: All das an Wünschen und Empfindungen, was die autoritäre Erziehung einem austrieb, wird nun als Eigenschaft von anderen, den Feinden und erwünschten zukünftigen Opfern, wahrgenommen und an ihnen verfolgt. Von der im Kontext der Studien entwickelten »F-Skala«, welche die Bedeutung autoritärer Orientierungen in der Mentalität der Probanden misst, sei somit rückzuschließen auf deren Erziehungserlebnisse und umgekehrt.

Dieser Zusammenhang ist in den vergangenen Jahrzehnten wiederholt empirisch bestätigt worden, auch wenn die Familien- und Erziehungsformen sich stark gewandelt haben und die heutigen Versionen des autoritären Charakters weniger auf das Erleben tyrannischer Autorität als mehr auf das von Bindungslosigkeit und fehlender emotionaler Gegenseitigkeit in den Familien zurückgeführt werden. So haben etwa CHRISTEL HOPF ⟨2000⟩, DETLEF OESTERREICH ⟨2000⟩, KLAUS

Ottomeyer ⟨Ottomeyer / Menschik-Bendele 1998⟩ und aktuell Oliver Decker / Elmar Brähler ⟨2006⟩ Korrelationen zwischen Erziehungserfahrungen und autoritären Reaktionen festgestellt. Sie hüten sich aber davor, Kausalitäten zu postulieren und eindimensional von kindlichen Erlebniswelten auf adoleszente und erwachsene politische Haltungen zu schließen. Dass dies der Komplexität der Sozialisationsprozesse nicht gerecht wird, berichtet auch der Züricher Ethno-Psychoanalytiker Paul Parin aus seiner therapeutischen Praxis:

> Seit Jahren habe ich immer wieder männliche und weibliche Analysanden [...] behandelt, deren sozialer und Familienhintergrund genau dem entsprach, was Theodor W. Adorno und seine Mitarbeiter [...] in ihrer großangelegten Untersuchung als charakteristisch für die »authoritarian personality« bezeichnet haben. Es zeigte sich jedoch, daß nur ein Teil der Analysanden die typischen Züge der »authoritarian personality« entwickelt hatten, andere nicht. ⟨Parin 1976, 72f.⟩

Dass auch die nachinfantilen, insbesondere die adoleszenten sozialisatorischen Erfahrungen in der Autoritarismusforschung eine zentrale Berücksichtigung finden müssen, ist hier mittlerweile Konsens ⟨vgl. Decker / Weissmann / Kiess / Brähler 2010, 36; Rippl 2008, 445ff.⟩.

Situationismus

Umgekehrt wurde aber auch beobachtet, dass für ein autoritäres Verhalten anscheinend gar keine spezifische Erziehung oder charakterliche Disposition notwendig sei. Als zweite Schule der sozialpsychologischen Rechtsextremismusforschung entwickelten sich in den 60er-Jahren Ansätze, in denen Autoritätshörigkeit als von der situativen Umwelt hervorrufbar betrachtet wird. Für diese Richtung sind der New Yorker Psychologe Stanley Milgram und das nach ihm benannte Milgramexperiment die bekanntesten Vertreter: Eine Versuchsperson wurde aufgefordert, einer anderen Versuchsperson (tatsächlich ein Schauspieler) im Rahmen eines angeblichen Experimentes zur Lernforschung Stromstöße ansteigender Intensität zu versetzen. Dies taten die ProbandInnen in der überwiegenden Zahl der Fälle bis hin zu vorgeblich tödlichen Stromstärken, teilweise allerdings unter Zeichen heftigen Unwohlseins und moralischen Unbehagens, aber selbst dann noch, wenn der Schauspieler Schmerzensschreie ausstieß und darum bat, das Experiment abzubrechen. Notwendig zum Hervorrufen dieses Gehorsams war es meist lediglich, dass der seriöse Versuchsleiter immer wieder ruhig versicherte, dass alles seine Richtigkeit habe und es wichtig sei, das Experiment fortzusetzen (MILGRAM 1974, 72f.)

MILGRAM beabsichtigte mit seinen Befunden explizit eine Erklärung für das Ausmaß nationalsozialistischer Gewalt in Nazi-Deutschland zu liefern. Die populär gewordene Schlussfolgerung aus seinem Versuch war, dass praktisch jede und jeder autoritätshörig und grausam reagiere, wenn er oder sie in eine entsprechende Situation gebracht werde. Erziehung und Persönlichkeit seinen demgegenüber unwichtig. Nun verweigerten aber auch zwischen 35 und 70 Prozent der Versuchspersonen die Durchführung des Experiments bzw. dessen Fortführung über eine gewisse Stromstärke hinaus. Der Anteil der Ungehorsamen stieg dabei mit zunehmender räumlicher Nähe zum »Opfer« (51ff.). MILGRAM stellte zudem einen signifikanten Zusammenhang zwischen Gehorsam in seinem Experiment und der Einstufung der ProbandInnen auf der F-Skala sowie den Moralniveaus nach Lawrence Kohlberg fest (233f.). Ganz unabhängig von der Mentalität scheint autoritäres Verhalten demnach doch nicht zu sein. Letztlich begründete MILGRAM die Gehorsamsbereitschaft sogar selbst mit Erziehungserlebnissen, deren autoritäre Form er aber als allgemein menschlich und keiner historischen Spezifizierung bedürftig ansah (158ff.).

Kollektive Symbolapparate

Einen Ausweg aus der Gegenüberstellung von Person und Situation und einen Zugang zu der spezifischen Bedeutung der adoleszenten Dynamiken eröffnet die Hinzuziehung eines dritten Elements: Den kulturellen Identitäts- und Sinnstiftungssystemen, die dem kollektiven Symbolapparat der rechten Szene, aber auch der verbreiteten autoritären und ausgrenzenden Mentalität zugrunde liegen. Dieser Zugang ermöglicht einen *linguistic turn* in der Autoritarismusforschung: Zwischen Person und Situation tritt die symbolische Ordnung. Der hannoversche Soziologe WOLFRAM STENDER hat diese Stoßrichtung in seiner

Kritik an den Studien zum autoritären Charakter programmatisch formuliert. Deren Schwäche liege

> darin, daß die sozialisatorische Bildung von Subjektivität [...] solange nicht begriffen werden kann, solange [...] »Kultur« nicht als symbolische Praxis, schließlich »der Mensch« nicht als animal symbolicum begriffen ist. [...] Die kritische Theorie hätte, ohne Verlust an gesellschaftlicher Schärfe, das relative Recht der interpretativen Soziologie, die die Logik des Sozialen identisch an die Logik des Symbolverstehens bindet, anerkennen können. [...] Nur dann nämlich, wenn Kultur als Symbolsystem begriffen wird, wird es [...] möglich, [...] das soziale und psychologische Syndrom des Ideologischen als das zu begreifen, als was es Horkheimer [...] treffend beschrieben hat: als Form der Massenbildung über Ersatzbefriedigung und Sprachschablone. (STENDER 1996, 72f.)

STENDER hält bei seinem Entwurf einer Analyse der symbolischen Sozialisation an dem psychoanalytischen Zugang der *Studien zum autoritären Charakter* fest und plädiert für ein psychoanalytisches Verständnis des Symbolischen. Dieses biete affektive »Ersatzbefriedigungen« und legitimiere diese mit »Sprachschablonen«. Was heißt das? Die Sozialisation wird nicht (nur) begriffen als Folge elterlicher Erziehung, vor allem nicht als Prozess, in dem ein passives Kind geprägt wird wie eine Münze, sondern als aktiver Prozess der Aneignung von Selbst- und Fremddeutungen über das Erlernen der kulturell angebotenen Sinnstiftungsmuster. Diese Perspektive, die in der Sozialisationsforschung als »produktive Realitätsverarbeitung« das derzeit leitende Paradigma darstellt (HURRELMANN / GRUNDMANN / WALPER 2008, 15), liegt auch HEITMEYERS Konzept von der Genese des Syndroms gruppenbezogener Menschenfeindlichkeit zugrunde. Allerdings berücksichtigt dieses kaum, dass die symbolischen Welten, in denen das Kind sich und die Welt wahrnehmen lernt, auch eine psychodynamische Funktion haben: Sie sind nicht nur eine Art des nüchternen Denkens, sondern zugleich stellen sie Mentalisierungsmöglichkeiten von affektiven Dynamiken und Konflikten dar. Sie dienen als Ausdrucksregeln leiblich-affektiver Regungen und haben dabei auch zensierenden Charakter: Manches wird versagt, unsäglich, letztlich – wenn es auch im Denken als »nach innen verlegtes oder implizites Gespräch« (MEAD 1934, 86) nicht benannt werden kann – unbewusst. Das Objekt der affektiven Regungen, welche von diesem Prozess zunächst gänzlich unberührt bleiben, muss dann verschoben (»Ersatzbefriedigung«) und sie selbst umbenannt werden (»Sprachschablone«). Für solche »Schiefheilungen« bieten die kulturellen Ideologien Vorlagen an.[2]

In der Adoleszenz, der Zeit der Ablösung vom Elternhaus und der sexuellen Reifung spielen insbesondere narzisstische Konflikte eine große Rolle: Der oder die Jugendliche empfindet sich unter dem Ansturm der leiblich-affektiven Entwicklung abwechselnd grandios und ohnmächtig, will die Welt verändern und fühlt sich depressiv, schuldig und voller »Weltschmerz«. Er und sie will hinaus in die Weite und sehnt sich doch zurück in die sichere Geborgenheit der Kindheit. ANNA FREUD, Tochter Sigmund Freuds und eine Pionierin der Kinder- und Jugendpsychoanalyse, schrieb:

> Während der Dauer der Pubertät kann der Jugendliche nicht anders: er wehrt seine Triebregungen ab, gibt ihnen aber auch nach; er vollbringt Wunder an Selbstbeherrschung, ist aber auch ein Spielball seiner Gefühle; er liebt seine Eltern und haßt sie zugleich; er ist gleichzeitig in voller Revolte und voller Abhängigkeit; [...] er ist bereit, sich selbst aufzugeben und anderen hörig zu werden, sucht aber gleichzeitig seine eigene Identität; er hat mehr künstlerisches Verständnis, ist idealistischer, großzügiger und uneigennütziger als je vorher oder nachher; aber er ist auch das Gegenteil: egoistisch, selbstsüchtig und berechnend. ⟨FREUD 1960, 22⟩

In dieser konfliktreichen Phase ist die Suche nach Deutungen des eigenen affektiven Erlebens, nach Vorbildern und nach Erklärungen der seltsamen Welt besonders intensiv. In gesellschaftlichen Situationen, wo der Übergang zum Erwachsensein zudem noch erschwert wird durch unsichere Jobaussichten und entsprechende Zukunftsängste, können sich diese Konflikte noch verstärken. Der Symbolapparat der rechtsextremen Szene setzt hier an. Die affektive Sogwirkung, welche er auf die Jugendlichen auszuüben vermag, liegt in seiner Funktionalisierbarkeit zur Bewältigung dieser Konflikte. DIERK BORSTEL betont in einem Aufsatz über Ein- und Ausstiegsprozesse in und aus der rechtsextremen Szene, sowohl das Anknüpfen rechtsextremer Ideologie an die adoleszenten Sehnsüchte nach Aufgehobensein als auch an diejenigen nach Rebellion und Freiheit:

---

2. STENDERS Überlegungen lehnen sich an ALFRED LORENZERS Materialistische Sozialisationstheorie an, vgl. LORENZER ⟨1972⟩.

Den einsamen Jugendlichen wird das Gruppengefühl, die Integration in eine Gemeinschaft ohne Vorbedingungen und unabhängig von der Vergangenheit angeboten. Gekitzelt wird aber außerdem mit einem jugendgerechten Rebellentum, dem Kampf gegen Verlogenheit und für die Wahrheit, gegen die feindlichen Mächte und damit für die Idee der Freiheit. (BORSTEL 2011, 301; vgl. MENSCHIK-BENDELE / OTTOMEYER 1998)

Dabei wird in den rechtsextremen Peergroups ein gewaltiges narzisstisches Versprechen vermittelt: Das Dasein als selbstlose Zelle des ewigen germanischen Volkes verspricht eine absolute Identität, ein entgrenztes Dasein als Herrenmensch in einer Geborgenheit spendenden Heimat und Kameradschaft. Alles Konflikthafte, Zersetzende und Zweifeln-Lassende aber wird projektiv nach außen verlagert und dort verfolgt: An den faulen und disziplinlosen Ausländern, den egoistischen und schwächlichen Juden, den perversen Schwulen etc. Wenn das Störende sich aber doch im eigenen Innenraum bemerkbar macht, dann bloß als auszumerzender Parasit. Die adoleszenten Selbstzweifel und Verlassenheitsängste können so aufgefangen und umgelenkt werden. Sie werden durch die Projektion auf andere als Selbstattribut unbewusst; wahrgenommen wird nur noch die eigene Größe, Echtheit und Ganzheit. Die Schiefheilung im Lichte dieses rechtsextremen »Heils« ist affektiv attraktiv. Sie kann geradezu als »Antidepressivum« wirken, welches das bedrohte Selbstwertempfinden stützt (vgl. OTTOMEYER 1998, 19). Da die ausgrenzende und autoritäre Mentalität zudem weit über die rechtsextreme Szene hinaus verbreitet ist, ermöglicht der Szeneeinstieg den Jugendlichen oftmals sowohl eine Abgrenzung von als auch eine Einordnung in die familiären Traditionen: Man setzt fort, was die Großeltern begonnen hatten.[3]

Der kollektive Symbolapparat ist nicht nur sprachlich verfasst. Die rechtsextreme Haltung vermittelt sich den Jugendlichen meist nicht einmal in erster Linie über Propagandatexte, sondern über »präsentative Symboliken«. So nennt die Philosophin SUSANNE LANGER (1942). kulturelle Bedeutungsträger, die nichtsprachlich und affektnäher sind (und oft als unpolitisch erscheinen). In der rechtsextremen Szene werden diese häufig der germanische Mythologie (oder dem, was dafür gehalten

---

3. Vgl. zu dem transgenerationellen Hintergrund des aktuellen Rechtsextremismus LOHL 2010.

wird) entnommen: Externsteine, Thorshämmer, Met und Hollerküchlein, Runen, Sonnenwendfeuer und völkische Lieder, der aggressive Rausch eines Rechtsrockkonzerts oder eines Aufmarsches mit den KameradInnen werden als Zeichen des »Echten« gegen die entfremdete Welt der Städte und der postmodernen Identitätsdiffusionen gestellt. Auch im Nationalsozialismus wurden die »Volksgemeinschaft« und der Antisemitismus den Menschen nicht nur über rassentheoretische Abhandlungen angetragen, sondern mehr noch über die erlebbare Qualität von Ausstellungen »entarteter Kunst«, der Ästhetik Leni Riefenstahls oder KdF-Reisen.[4] Dass die präsentativen Symboliken Ideologien viel subkutaner und nachhaltig wirksamer transportieren als programmatische Texte, ist auch heutigen rechtsextremen Agitatoren durchaus bewusst. So führte Ian Stewart Donaldson, Sänger der damaligen Rechtsrock-Band Skrewdriver, schon Anfang der 90er-Jahre in einem Interview aus:

> Musik ist das ideale Mittel, Jugendlichen den Nationalsozialismus näher zu bringen, besser als dies in politischen Veranstaltungen gemacht werden kann, kann damit Ideologie transportiert werden. (zit. SPOSITO 2007)

Im Lichte der symbolisch vermittelten rechtsextremen »Verheißung« wird die psychische Struktur umgebaut und das Verhältnis von Bewusstem und Unbewusstem neu justiert: Die autoritätshörige Unterwerfung unter Kameradschafts-Führer und Kollektiv wird bewusst als kollektiver Narzissmus erlebt, als Macht und Selbstaufwertung. Die in dieser Selbstaufgabe implizierten narzisstischen Kränkungen – es heißt nicht nur »Dein Volk ist alles«, sondern auch »Du bist nichts« – dagegen werden unbewusst gemacht und projektiv an »Schwächlingen« verfolgt. Bewusst werden klare Geschlechtsidentitäten hochgehalten, unbewusst und projektiv entsorgt bleiben dabei die Ambivalenzen und Probleme der sich entwickelnden adoleszenten Sexualität. In den rechtsextremen Bilderwelten kommen deutsche Mädel und Kameraden frei und ohne »Lüsternheit« zusammen. Da das Unbewusste aber immer weiter wirkt, entsprechen die realen Sexual- und Freundschaftsbeziehungen in der Szene selbstverständlich niemals diesen »heilen« Bildern. ANDREAS SPEIT (2005) hat das am Beispiel des »Mythos Kameradschaft« und

---

4. Vgl. BROCKHAUS (1997). Vgl. zu der massenpsychologischen Wirkung von KdF-Reisen HOWIND (2013), S. 171ff.

der von ihm verdeckten szeneinternen (sexuellen) Gewalt eindrücklich aufgezeigt.

Im Unterschied zu den *Studien zum autoritären Charakter* liegt in der hier vorgestellten Perspektive der Fokus nicht auf frühkindlichen Erfahrungen und deren charakterlicher Fixierung, sondern auf der rechtsextremen »Lösung« adoleszenter Konflikte. Diese sind zwar niemals unabhängig von den kindlichen Vorerfahrungen, weisen aber auch eine eigenständige Dynamik auf. Das kindliche Verhältnis zu den Eltern färbt als Erfahrungswert durchaus das Ringen um Autonomie und Bindung in der Adoleszenz, doch diese stellt auch eine »zweite Chance« (vgl. MENSCHIK-BENDELE 1998) dar, die mehr ist als eine Neuauflage des Alten. Die Erinnerungsspuren werden umgearbeitet und unter neue Vorzeichen gestellt. An dem psychischen Gewinn der so gefundenen ›Lösungen‹ kann lebenslang festgehalten werden (auch wenn man sich später vielleicht von der jugendkulturellen Szene abwendet, der rechtsextremen Mentalität aber treu bleibt). Andererseits kann, da narzisstische Krisen und Konflikte auch später im Leben immer wieder auftauchen – bspw. im Kontext von Ängsten vor gesellschaftlicher Desintegration (HEITMEYER 2012, 22ff.) und dem Wegfall der »narzisstischen Plombe Wohlstand« (DECKER / WEISSMANN / KIESS / BRÄHLER 2010, 46ff.) – auch Erwachsenen der Rechtsextremismus als attraktives Angebot erscheinen, die als Jugendliche keine Szenemitglieder waren.

Was MILGRAM beobachtet hat, ist dagegen keine solche Konflikt vermeidende Aneignung autoritärer Einstellungen, sondern ein situativ provozierter Verhaltenswandel, der vehemente bewusste innere Konflikte auslöst. Seine ProbandInnen haben Gewissensbisse und sie haben die Situation auch keineswegs freiwillig aufgesucht. Und doch erweisen sie sich in der Tat zu einem erschreckend großen Teil als autoritätsanfällig. Aus Sicht der Autoritarismusforschung belegt dies ADORNOS und FROMMS Einschätzung des autoritären Sozialcharakters als gesellschaftstypisch:

> Der masochistische [d. i. der autoritäre] Charakter [...] ist so weitgehend derjenige der Mehrzahl der Menschen unserer Gesellschaft, dass er für Forscher, die den Charakter der bürgerlichen Menschen für den »normalen« und natürlichen halten, infolge der mangelnden Distanz gar nicht zum wissenschaftlichen Problem wird. (FROMM 1936, 113).

Situationen vermögen psychische Potenziale zu ›triggern‹ und auszulösen, aber nicht sie hervorzubringen. LEONARD NEWMAN, Psychologe aus Chicago, beklagt in einem aktuellen Sammelband zur NS-Täterforschung, dass ein einfacher Situationismus immer noch oftmals für *die* Sozialpsychologie gehalten wird. Er plädiert stattdessen dafür, Situation und Person als interagierend zusammenzudenken: "stable dispositions and situational influences" beeinflussen beide das Verhalten, denn von Letzterer hänge "the way a person will express his or her attitudes, beliefs and tendencies" ab ⟨NEWMAN 2006⟩. Die *beliefs*, die meist bereits adoleszent angeeigneten, Autorität und Grausamkeit (de-)legitimierenden Sinnstiftungsmuster, werden nicht nur situativ ausgedrückt, sondern in ihrem Licht werden die Situationen und deren affektive Wirkung gedeutet. Sie vermitteln somit zwischen Person und Situation und erst aus dieser Vermittlung entspringt das mehr oder weniger bewusst oder unbewusst motivierte Handeln. In einer aktuellen Neu-Interpretation der MILGRAM-Befunde haben die britischen Psychologen ALEXANDER S. HASLAM und STEPHEN REICHER insbesondere die inneren Konflikte und moralischen Widerstände der Versuchspersonen in den Blick genommen. Sie kommen zu dem Ergebnis:

[T]hose who do heed authority in doing evil do so knowingly not blindly, actively not passively, creatively not automatically. They do so out of belief not by nature, out of choice not by necessity. In short, they should be seen – and judged – as engaged followers not as blind conformists. ⟨HASLAM / REICHER 2012⟩

Das Subjekt gehorcht nicht blind und passiv, sondern interpretiert die Situation und die eigenen affektive Betroffenheit von dieser aktiv im Lichte seiner bevorzugten Art die Welt anzuschauen und zu bewerten. Demgemäß reagiert es widerwillig oder willfährig, eventuell sogar lustvoll auf die Befehle von oben. Zwar fand MILGRAM eine Korrelation zwischen Gehorsamsbereitschaft und den Werten der F-Skala, doch eine geschlossene autoritätshörige Mentalität im Sinne des Syndroms gruppenbezogener Menschenfeindlichkeit war den meisten Probanden MILGRAMS nicht eigen. Dafür sprechen die inneren Widerstände, die sie gerade nicht projektiv entsorgt haben. Bei den meisten standen sich wohl zwei in dieser Situation konträre habitualisierte Deutungsmuster entgegen: Das Gebot »Du sollst anderen kein Leid zufügen« vs.

»Autoritäten muss man gehorchen«. Ergebnis waren bewusste innere Konflikte. Genau diesen entziehen sich RechtsextremistInnen, indem sie dem autoritär strukturierten, identitären »Wir« das projektiv aufgeladene, feindliche »Die« gegenüberstellen und dementsprechende Verhaltensweisen legitimieren.

Zur Bekämpfung des Rechtsextremismus ist aus der hier vorgestellten Perspektive dreierlei von Wichtigkeit: Erstens die Verhinderung der Etablierung von rechtsextremen Szenetreffs und -events, um die Bildung eines Szenepublikums zu erschweren, zweitens die Kritik der autoritären und ausgrenzenden Mentalitäten in der »Mitte der Gesellschaft« und drittens die Unterstützung alternativer politischer Orientierungs- und Sinnstiftungsmuster für Jugendliche, die ihnen ermöglichen, ihre Konflikte, Ambivalenzen und Identitätssuchen bewusster zu durchleben und die jugendlichen Omnipotenzfantasien progressiv zu wenden.

Literatur

Adorno, Theodor W. (1950): Studien zum autoritären Charakter. Frankfurt am Main 1976: Suhrkamp.

Borstel, Dierk (2011): »Wir hatten auch Spass und haben gelacht«. Ein- und Ausstiegsprozesse von Männern und Frauen aus der rechtsextremen Szene. In: Birsl, Ursula (Hrsg.): Rechtsextremismus und Gender. Opladen: Barbara Budrich, 297–314.

Brockhaus, Gudrun (1997): Schauder und Idylle. Faschismus als Erlebnisangebot. München: Verlag Antje Kunstmann.

Decker, Oliver / Kiess, Johannes / Brähler, Elmar (2012): Die Mitte im Umbruch. Rechtsextreme Einstellungen in Deutschland 2012. Bonn: Dietz.

Decker, Oliver / Brähler, Elmar (2006): Vom Rand zur Mitte. Rechtsextreme Einstellungen und ihre Einflussfaktoren in Deutschland. Bonn: FES.

Decker, Oliver / Weissmann, Marliese / Kiess, Johannes / Brähler, Elmar (2010): Die Mitte in der Krise. Rechtsextreme Einstellungen in Deutschland 2010. Bonn: FES.

Freud, Anna (1960): Probleme der Pubertät. In: Psyche. Zeitschrift für Psychoanalyse und ihre Anwendungen 14 (1), 1–24.

Fromm, Erich (1931): Arbeiter und Angestellte am Vorabend des Dritten Reiches: eine sozialpsychologische Untersuchung. Stuttgart 1980: DVA.

Fromm, Erich (1936): Theoretische Entwürfe über Autorität und Familie. Sozialpsychologischer Teil. In: DERS. / HORKHEIMER, MAX / MAYER, HANS / MARCUSE, HERBERT (Hrsg.): Studien über Autorität und Familie. Forschungsberichte aus dem Institut für Sozialforschung. Frankfurt am Main o. J: Junius-Drucke, 77-135.

HASLAM, S. ALEXANDER / REICHER, STEPHEN D. (2012): Contesting the »Nature« of Conformity: What Milgram and Zimbardo's Studies Really Show. PloS Biology, 10 (11), http://www.plosbiology.org/article/info%3Adoi%2F10.1371%2Fjournal.pbio.1001426 (Zugriff 11. März 2014).

HEITMEYER, WILHELM (2012): Gruppenbezogene Menschenfeindlichkeit (GMF) in einem entsicherten Jahrzehnt. In: DERS. (Hrsg.): Deutsche Zustände. Folge 10. Frankfurt am Main: Suhrkamp, 15-41.

HITZLER, RONALD / BUCHER, THOMAS / NIEDERBACHER, ARNE (2001): Leben in Szenen. Formen jugendlicher Vergesellschaftung heute. Opladen: Leske + Budrich.

HOPF, CHRISTEL (2000): Familie und Autoritarismus – zur politischen Bedeutung sozialer Erfahrungen in der Familie. In: RIPPL, SUSANNE / SEIPEL, CHRISTIAN / KINDERVATER, ANGELA: Autoritarismus. Kontroversen und Ansätze der aktuellen Autoritarismusforschung. Opladen: Leske + Budrich, 33-52.

HOWIND, SASCHA (2013): Die Illusion eines guten Lebens. Kraft durch Freude und nationalsozialistische Sozialpropaganda. Frankfurt am Main: Peter Lang.

HURRELMANN, KLAUS / GRUNDMANN, MATTHIAS / WALPER, SABINE (2008): Zum Stand der Sozialisationsforschung. In: DIES. (Hrsg.): Sozialisationsforschung. 7. Aufl. Weinheim/Basel: Beltz, 14-31.

LANGEBACH, MARTIN (2012): Vom RechtsRock bis zum Schlager. Rassistische und neonazistische Musik als Türöffner in die Jugendszene? In: MAIR, BIRGIT (Hrsg.): Strategien gegen Neonazismus und Rassismus unter besonderer Berücksichtigung der Jugendarbeit. http://www.isfbb.de/download/Buch_ISFBB-Strategien-gegen-Neonazismus.pdf (Zugriff 3. März 2024), 73-82.

LANGER, SUSANNE (1942): Philosophie auf neuen Wegen. Das Symbol im Denken, im Ritus und in der Kunst. Frankfurt am Main 1984: Fischer.

LOHL, JAN (2010): Gefühlserbschaft und Rechtsextremismus. Eine sozialpsychologische Studie zur Generationengeschichte des Nationalsozialismus. Gießen: Psychosozial.

LORENZER, ALFRED (1972): Zur Begründung einer materialistischen Sozialisationstheorie. Frankfurt am Main: Suhrkamp.

MEAD, GEORGE HERBERT (1934): Geist, Identität und Gesellschaft, Frankfurt am Main 1973: Suhrkamp.

MENSCHIK-BENDELE, JUTTA (1998): »Plötzlich ist die Selbstsicherheit weg« – Größenphantasie und Schuldgefühl bei männlichen und weiblichen Jugendlichen. In: DIES. / OTTOMEYER, KLAUS: Sozialpsychologie des Rechtsextremismus. Entstehung und Veränderung eines Syndroms. Opladen: Leske + Budrich, 269-294.

MILGRAM, STANLEY (1974): Das Milgram-Experiment. Zur Gehorsamsbereitschaft gegenüber Autorität. Reinbek bei Hamburg 2007: Rowohlt.

NEWMAN, LEONARD S. (2006): Beyond Situationism. The Social Psychology of Genocide and Mass Killing. In: KRAMER, HELGRAD (Hrsg.): NS-Täter aus interdisziplinärer Perspektive. München: Meidenbauer, 107-120.

OESTERREICH, DETLEF (2000): Autoritäre Persönlichkeit und Sozialisation im Elternhaus. Theoretische Überlegungen und empirische Ergebnisse. In: RIPPL, SUSANNE / SEIPEL, CHRISTIAN / KINDERVATER, ANGELA (Hrsg.): Autoritarismus. Kontroversen und Ansätze der aktuellen Autoritarismusforschung. Opladen: Leske + Budrich, 69-92.

OTTOMEYER, KLAUS (1998): Theoretischer Rahmen und Ergebnisse der Studie. In: DERS. / MENSCHIK-BENDELE 1998, 13-40.

OTTOMEYER, KLAUS / MENSCHIK-BENDELE, JUTTA (1998): Sozialpsychologie des Rechtsextremismus. Entstehung und Veränderung eines Syndroms. Opladen: Leske + Budrich.

PARIN, PAUL (1976): Das Mikroskop der vergleichenden Psychoanalyse und die Makrosozialität. In: DERS.: Der Widerspruch im Subjekt. Ethnopsychoanalytische Studien. Frankfurt am Main 1983: Syndikat, 55-77.

PRÜWER, TOBIAS (2010): Tagungsbericht Ordnung. Macht. Extremismus. 20. 11. 2009- 21. 11. 2009, Leipzig. In: H-Soz-u-Kult, 19. März 2010, http://hsozkult.geschichte.hu-berlin.de/tagungsberichte/id=3054 (Zugriff 6. März 2013).

RIPPL, SUSANNE (2008): Politische Sozialisation. In: HURRELMANN, KLAUS / GRUNDMANN, MATTHIAS / WALPER, SABINE (Hrsg.): Sozialisationsforschung. 7. Aufl. Weinheim/Basel: Beltz, 443-458.

SPEIT, ANDREAS (2005): Mythos Kameradschaft. Gruppeninterne Gewalt im neonazistischen Spektrum, Braunschweig: Arbeit und Leben.

SPOSITO, ROMANO (2007): Einstiegsdroge Musik. Wie NPD & Co. versuchen Jugendliche zu ködern. http://www.bpb.de/politik/extremismus/rechtsextremismus/41758/einstiegsdroge-musik?p=all (Zugriff 11. März 2014)

STENDER, W. (1996): Kritik und Vernunft. Studien zu Horkheimer, Habermas und Freud. Lüneburg: zu Klampen.

Bildarchiv Hamburg 00376/06

RALPH ERBAR

Germanische Mythologie und Nationalsozialismus im Unterricht

Die alte Fotografie zeigt »Reichsritter« beim Festzug der »Kraft durch Freude«-Reichstagung 1938 in Hamburg. Sie bewegen einen Motivwagen mit den Umrissen des Großdeutschen Reiches und der propagandistischen Aufschrift »Ein Volk, ein Reich, ein Führer«. Darüber erhebt sich der Reichsadler, der das Hakenkreuz in seinen Fängen hält. Die Rückbesinnung auf angeblich germanisch-mittelalterliche Traditionen, hier symbolisiert durch die »Reichsritter« vor der Kulisse der mittelalterlichen Hansestadt, und der gleichzeitige Blick in die Zukunft eines Reiches, das die alten Grenzen bald sprengen sollte, machen das Spannungsverhältnis dieser Fotografie aus. Was heute wie eine Mischung aus Volksfest und Fastnacht anmutet, war damals bitterer Ernst und sollte schon bald in die Tat umgesetzt werden: Nur ein Jahr nach dieser Aufnahme zog das Deutsche Reich zuerst seine europäischen Nachbarn, dann weite Teile der Welt in den Krieg. Die Begründung für diesen Krieg bot die mit vielen Anklängen an die germanische Mythologie durchsetzte völkische Ideologie des Nationalsozialismus.

Die NS-Ideologie stellte keineswegs ein homogenes und in sich kohärentes Gedankengebäude dar. Sie war vielmehr ein komplexes, zum Teil widersprüchliches Konstrukt, in dessen Mittelpunkt die Rassepolitik mit dem eliminatorischen Antisemitismus und die Eroberung sogenannten »Lebensraums« im Osten Europas stand, um den sich weitere Elemente gruppierten. Viele dieser Ideen waren keineswegs neu, sondern reichten wie antidemokratische, antimarxistische, antisemitische, sozialdarwinistische, nationalistische und imperialistische Vorstellungen bis in das 19. Jahrhundert zurück und wurden nun gebündelt. Das machte die nationalsozialistische Ideologie allerdings auch reizvoll und für viele der Zeitgenossen attraktiv, denn die selbsternannte »Sammlungsbewegung« bot ganz unterschiedliche Identifikationsangebote. Dies führte dazu, dass die frühe Wählerschaft der NSDAP recht heterogen war und ein breites Spektrum der Bevölkerung von adligen Monarchisten über Bürgerliche und Angestellte bis hin zu Teilen der Arbeiterschaft ansprechen konnte (FALTER 1991, 209ff.). Im Parteinamen NSDAP, der Nationalsozialistischen Deutschen Arbeiterpartei, wird dieser Anspruch, die auseinanderdriftenden Gruppierungen der deutschen Bevölkerung zu einer nationalen, rassisch begründeten Einheit in einem Führerstaat – notfalls mit Gewalt – zusammenzuführen, deutlich. Ist es bereits schwierig genug, die nationalsozialistische Weltanschauung als ganzes zu fassen, so muss deren Bedeutung für die strategische Politik zusätzlich relativiert werden. Auch das ist Kennzeichen einer Diktatur, dass ihr zwar ein programmatischer Entwurf zugrunde liegt, von diesem aber jederzeit vorübergehend abgewichen werden kann. Dies gilt nicht für den Kernbereich der Verfolgung und Ermordung der europäischen Juden sowie – damit verbunden – der Eroberung von »Lebensraum« im europäischen Osten. Beides stand nicht zur Disposition. Um diese langfristigen Ziele aber zu erreichen, konnte je nach Bedarf von der eigenen Ideologie abgewichen werden, wenn aktuelle politische Erwägungen oder langfristige Überlegungen dies nahelegten. So wurde der Hitler-Stalin-Pakt im Jahre 1939 mit dem bolschewistischen Erzfeind deshalb abgeschlossen, weil Hitler zu diesem Zeitpunkt den Überfall auf die Sowjetunion bereits beschlossen hatte.

Innerhalb der nationalsozialistischen Diktatur kommt der verstärkten Hinwendung zu Vorstellungen, die mit dem verbunden werden, was man unter »Germanentum« verstehen wollte, eine wichtige Funktion zu. Zu unterscheiden ist hier zwischen der Ausformulierung einer schon seit dem 19. Jahrhundert gepflegten »Germanischen Mythologie« als Bestandteil der NS-Ideologie einerseits und der praktischen »Germanisierungspolitik« in den eroberten Gebieten andererseits. Beide waren gedanklich miteinander gekoppelt. In der NS-Ideologie kam der Germanischen Mythologie eine nicht immer erkennbare, dennoch aber wichtige Funktion zu. Die Hinwendung zum angeblichen Erbe der germanischen Vorfahren war bereits im Kaiserreich von 1871 zu neuer Blüte erwacht und hatte vor allem in Kaiser Wilhelm II. einen engagierten Verfechter gefunden. Die Suche nach den Wurzeln des erst spät entstandenen Deutschen Reiches führte über das Mittelalter,

Elemente der Romantik aufgreifend, zurück bis in die Zeit der Antike, um das »Deutsche« gegen griechisch-römische Traditionszusammenhänge abgrenzen zu können. Hilfreich war dabei der Rückgriff auf das Werk des römischen Historikers Tacitus, der mehrere Stämme unter dem Sammelbegriff »Germanen« zusammenfasste und damit erstmals eine Volksgruppe konstruierte, die es so nie gegeben hatte. Die Instrumentalisierung der »Germanen« setzte also bereits weit vor der NS-Diktatur ein, wurde aber von dieser aufgegriffen und ideologisch weiter aufgeladen. Das alte »Germanien« wurde nach 1933 zum ideologischen Fluchtpunkt nationalsozialistischer Propaganda.

Innerhalb der NS-Ideologie erfüllte der Rückgriff auf die Germanische Mythologie eine wichtige Funktion. Er sollte dazu dienen, der dynamischen, aber jungen »Bewegung«, auf die vor allem in den demokratischen Staaten mit einer Mischung aus Argwohn und Missgunst geschaut wurde, eine historische Legitimation zu verschaffen. Der Rückgriff auf angeblich uralte, dem »Deutschen« zugrunde liegende germanische Elemente in Kultur, Sprache, Denk- und Lebensweise sollte in Verbindung mit neuen rassistischen Vorstellungen seinen Teil dazu beitragen, die ausgrenzende Innenpolitik und die expansive Außenpolitik weit über die Revision des Versailler Vertrages hinaus zu rechtfertigen. In der Außenpolitik wurde für diese Verbindung zwischen dem angeblichen Wiederanknüpfen an pseudo-germanische Traditionen und den neuen Inhalten der NS-Doktrin der Begriff »Germanisation« gefunden. Er meint eine auf alter Herkunft beruhende, nun aber auf die Rechte des Blutes umgedeutete Eroberungspolitik, die als präventiv ausgegeben und der daher das Recht zugesprochen wurde, durch die Anwendung von Gewalt tätig zu werden. Niemand anderes als ADOLF HITLER selbst formulierte schon 1924 in seiner programmatischen Schrift *Mein Kampf* die Grundzüge der neuen Germanisierungspolitik:

Es war in den letzten hundert Jahren ein wahrer Jammer, sehen zu müssen, wie [...] mit dem Worte »Germanisieren« gespielt wurde. Ich selbst erinnere mich noch daran, wie in meiner Jugend gerade diese Bezeichnung zu ganz unglaublich falschen Vorstellungen verleitete. [...] Denn was man im allgemeinen unter diesem Wort verstand, war nur die erzwungene äußerliche Annahme der deutschen Sprache. Es ist aber ein kaum faßlicher Denkfehler, zu glauben, daß, sagen wir, aus einem Neger oder einem Chinesen ein Germane wird, weil er

Deutsch lernt [...] Daß jede solche Germanisation in Wirklichkeit eine Entgermanisation ist, wurde unserer bürgerlichen nationalen Welt niemals klar. Da das Volkstum, besser die Rasse, eben nicht in der Sprache liegt, sondern im Blute, würde man von einer Germanisation erst dann sprechen dürfen, wenn es gelänge, durch einen solchen Prozeß das Blut der Unterlegenen umzuwandeln. Das aber ist unmöglich. ⟨HITLER 1935, 428⟩

Diese Textpassage lässt die Grundzüge der Germanisierung deutlich hervortreten: Sie umschreibt euphemistisch den Gewaltakt der auf das Blut reduzierten Ausgrenzung und Expansion, denen das Recht zugesprochen wurden, Rassen oder solchen Gruppen, die man dazu erklärte, zu »vernichten«. Der Rückgriff auf das »Germanische«, dem ein gewisser Gewaltbegriff seit den Tagen des Tacitus immanent war, diente lediglich der Verschleierung dessen, was wissenschaftlich nicht zu erklären war und daher ins Mythische enthoben werden musste.

Germanische Mythologie in der Schule

Eine stärkere Beschäftigung mit der Wiederaufnahme germanischer Mythologie in der Schule bietet sich schon deshalb an, weil dieses Thema den Fächer verbindenden Unterricht nicht nur fördert, sondern verlangt. Kenntnisse der Fächer Geschichte, Politik/Sozialkunde, Religion/Ethik, Bildende Kunst, Deutsch und Erdkunde sind erforderlich, um die vielfältigen Dimensionen dessen zu verstehen, was sich in der Vergangenheit mehrfach wiederholte: neutral formuliert die Adaption, kritisch formuliert der Missbrauch ›germanischer‹ Sitten und Gebräuche für jeweils eigene politisch-gesellschaftliche Vorstellungen. Die Untersuchung des Konstrukts der germanischen Welt eignet sich daher besonders, ein kritisches Geschichtsbewusstsein anzubahnen.

Im Fach Geschichte bildet die Auseinandersetzung mit der Ideologie des Nationalsozialismus einen unverzichtbaren Bestandteil der Lehrpläne. Bereits der Lehrplan aus dem Jahre 1998 verlangt die Behandlung des Themas »Die Rassenlehre und ihre Umsetzung« ⟨Lehrpläne 1998, 220⟩. Die Bildungsstandards des Geschichtslehrerverbandes (VGD) fordern in ihrer Fassung aus dem Jahre 2011 die Anbahnung der Deutungskompetenz, dass die Schüler »die Ideologie und grundlegende Strukturen des NS-Staates« ⟨Bildungsstandards 2011⟩ darstellen können. Als verbindliche Inhalte werden u. a. der Sozialdarwinismus, die völkisch-rassistische Ideologie, der Antisemitismus, die Bildung der »Volksgemeinschaft« und die Lebensraumideologie genannt. Der neue, ab 2016 gültige Lehrplan Geschichte für Rheinland-Pfalz thematisiert im Lernfeld 11.1.2 den »Nationalsozialismus als Ausgrenzungsgesellschaft«. Obwohl also der Rückgriff auf die germanische Mythologie als Bestandteil der NS-Ideologie an verschiedenen Stellen durchscheint, wird sie selten direkt angesprochen, da sie aufgrund der knappen in der Schule zur Verfügung stehenden Zeit gegenüber den zentralen Themen »Rassenlehre« und »Antisemitismus« zurücksteht. Dennoch erscheint es nicht zwangsweise nötig, auf die Behandlung germanischer Mythen und ihrer Funktionalisierung im Nationalsozialismus verzichten zu müssen. Im Folgenden sollen Möglichkeiten aufgezeigt werden, wie die Pseudo-Germanisierung in den Geschichtsunterricht implementiert und dieser unter Umständen noch reiz-voller gestaltet werden kann, ohne dabei zentrale Inhalte der NS-Ideologie aufgeben zu müssen. Denn klar ist, dass die Hinwendung zu altgermanischen Mythen ein Mittel der Propaganda war, das den Kernelementen der NS-Ideologie zur Verschleierung diente.

Berücksichtigt man das jeweilige Alter und den Reifegrad der Schüler, so bieten sich drei Themenfelder an, um das zunächst einmal noch recht abstrakte Phänomen der Germanischen Mythologie im Unterricht zu konkretisieren: In der Sekundarstufe I (Klassen 9/10) erscheint der Zugriff über die Architektur als ›gebaute Geschichte‹ sinnvoll, um den Rückgriff auf Inhalte germanischer Mythen und Sagen greifbar zu machen. Obwohl die Nationalsozialisten nur einen kleinen Teil ihres Bauprogramms verwirklichen konnten, gibt es doch heute immer noch architektonische Überreste, die von der Ideenwelt dieser Ideologie zeugen. Diese im Unterricht zu behandeln oder gar im Rahmen einer Klassenfahrt aufzusuchen, bietet eine Reihe didaktischer und methodischer Möglichkeiten. Der Unterricht in der Sekundarstufe II verlangt ein deutlich anspruchsvolleres Vorgehen. Hier bietet es sich an, den propagandistischen Versuch der historischen Kontinuitätsbildung vom »Dritten« über das »Zweite« zum »Ersten Reich« kritisch zu hinterfragen und dabei herauszustellen, mit welchen Mitteln und Zielen der Anschluss an vergangene Zeiten erfolgen sollte. Die Musik schließlich scheint ein geeignetes Bindeglied zu sein, um die Vermittlung germanischer Mythen in der Zeit des Nationalsozialismus als auch durch rechtsextreme Gruppierungen in der Gegenwart zu thematisieren. Denn die Instrumentalisierung des Germanischen war keineswegs 1945 beendet, sie reicht vielmehr bis in die heutigen Tage.

Architektur an symbolischen Orten (Sekundarstufe I)

Die Rückbesinnung auf tatsächliche und/oder vermeintliche germanische Sitten und Gebräuche in der NS-Ideologie lässt sich gut an der Symbolik bestimmter Plätze und Orte in Verbindung mit einer architektonischen Überbauung darstellen. Der neue Lehrplan Geschichte hat dieses didaktische Potenzial erkannt und schlägt vor, Herrschaftsinszenierungen verschiedener politischer Ordnungsvorstellungen am Beispiel von Gemälden und der Architektur zu konkretisieren.

Im Nahraum beginnend, bietet sich die Suche nach den Resten ehemaliger Thingstätten an. Mit »Thing« wurde nach altem germanischem Recht die Volks- und Gerichtsversammlung bezeichnet, die auf einem Thingplatz oder bei einer Thingstätte zusammenkam, um politische Beratungen, Gerichtsverhandlungen und kultische Spiele abzuhalten. Der germanische Gott Tyr, Gott des Kampfes und des Sieges, galt als Schutzgott des Things. Das Thing fand an besonders exponierten Plätzen statt, so z. B. unter einem Gerichtsbaum oder in der Nähe eines Heiligtums. Im Nationalsozialismus wurde dieser Brauch wieder aufgegriffen, in die Blut-und-Boden-Mystik eingebettet, propagandistisch im Sinne der zu entwickelnden »Volksgemeinschaft« umgedeutet und zur sogenannten »Thing-Bewegung« ausgestaltet. Parteiveranstaltungen, die Aufführung klassischer Theaterstücke und Sonnenwendfeiern fanden statt. Bis zu 400 Thingstätten waren geplant, von denen etwa 60 fertiggestellt wurden. Überregional bekannte Beispiele sind die Berliner Waldbühne und die Heidelberger Thingstätte »Heiligenberg«, weitere Plätze auf dem Gebiet des heutigen Bundeslandes Rheinland-Pfalz sind in Schleiden (Eifel), der Vorplatz des Kurfürstlichen Schlosses in Koblenz und auf dem Loreley-Felsen bei Sankt Goarshausen am Rhein. Nur wenigen Besuchern der Festivals auf der Loreley dürfte bewusst sein, dass sie sich auf dem Gelände einer ehemaligen Thingstätte befinden.

Auch wenn sich die Thing-Bewegung letztlich nicht durchsetzen konnte und ihre Bedeutung als völkisches Propaganda-Forum ab Mitte der 30er-Jahre gegenüber dem neuen Massenmedium Volksempfänger zunehmend verlor, so lässt sich an ihr doch exemplarisch deutlich machen, wie Ideologen in der Frühzeit des Nationalsozialismus auf die Vergangenheit zurückgriffen, sich klassisch griechischer und germanischer Vorlagen bedienten, diese vermischten und mythologisch im Sinne der neuen Rasselehre überhöhten. Verdichten lässt sich die Lernsituation, wenn im Unterricht eine der Feuerreden interpretiert wird, wie sie etwa 1937 gehalten wurde:

Sonnwende.
 Viel tausend Jahre alt und ewig jung ist dieses Volk. Könige kamen und gingen, Staatsformen wuchsen und zerfielen. Religionen erstanden und verblühten. Knechtschaft und Freiheit, Krieg und Frieden, Einheit und Zwietracht lösten sich ab. Eines aber blieb: Das Volk!
 Viel tausend Jahre alt und ewig jung ist dieses Volk. Und in all den Jahrtausenden versammelten sich deutsche Menschen Jahr um Jahr am Tag des höchsten Sonnenstandes zur Feier der Sonnenwende. Ewig jung, wie das Volk selbst, ist seine Sonnwendfeier.
 Unvergänglich wie die Kraft der Sonne, war auch in Jahrhunderten bitterster Not der Glaube dieses Volkes an eine lichtvollere Zukunft. [...] Als 1919 das deutsche Volk in Ketten geschlagen war, als die Gemeinheit triumphierte über die Ehre, der Verrat über die Treue, die Schande über den Ruhm und die Lüge über die Wahrheit, da stand deutsche Jugend wieder an den Sonnwendfeuern und in unserer Bewegung flammte wieder auf die ganze völkische Sehnsucht vergangener Jahrhunderte und wurde geheimnisvoll lebendig. Deutschland sang wieder die Lieder der deutschen Führersehnsucht, die Lieder des Glaubens an den kommenden Retter der deutschen Nation, der uns in Adolf Hitler erstand.
 Und so können wir heute mit der Sonnwende auch die grosse Wende deutscher Not feiern. Denkt daran! 〈Feuerrede 1937〉

Dieser kurze Auszug aus einer Feuerrede macht die Vereinnahmung altgermanischer Vorstellungen durch die nationalsozialistische Ideologie deutlich: Der Nationalsozialismus greift auf die vorgeblich heile Welt der im Einklang mit der Natur lebenden germanischen Vorväter zurück um in Abwendung von der ungeliebten Weimarer Republik Deutschland zu einer strahlenden Zukunft zu führen. Das inhaltliche Bindeglied zwischen der Vorzeit und der Gegenwart sind die »völkischen Gedanken«, die die beiden Konstrukte der »Germanen« und

»Arier« miteinander verbinden, die nun allerdings, wenn auch hier nicht erkennbar, rassistisch aufgeladen werden. Die äußere Verklammerung stellt das Feuer dar, vor dem diese Reden gehalten wurden und das »Germanen« und »Arier« über die Jahrhunderte in Verbindung setzen soll. Teleologisch ausgerichtet ist das Schicksal Deutschlands auf den »kommenden Retter«, der kein anderer als Adolf Hitler sein kann, der aber der Hilfe der »Volksgemeinschaft« bedarf.

Eine weitere Zugriffsmöglichkeit auf pseudo-germanische archäologische Überreste bilden die ehemaligen NS-Ordensburgen. Sie gehören in den Kontext der nationalsozialistischen Erziehung und Führerauslese und sollten der Ausbildung besonders linientreuer Parteikader dienen. Zu diesem Zweck sollten junge Männer nach dem Durchlaufen der Hitler-Jugend und des Reichsarbeitsdienstes auf sogenannten »Ordensburgen« den ideologischen Feinschliff erhalten. Drei dieser Ordensburgen wurden in den Jahren zwischen 1934 und 1936 erbaut: Vogelsang in der Eifel, Krössinsee in Pommern und Sonthofen im Allgäu. Es handelte sich dabei um Neubauten, die sich architektonisch grob an den Deutschordensburgen der Ostkolonisation orientierten und damit germanisch-mittelalterliche Vorlagen romantisierten, die mit klassischen Elementen versetzt wurden. Zuständig für die Planung war der Leiter der Deutschen Arbeitsfront (DAF), Reichsorganisationsleiter Robert Ley (1890–1945), der die Burgen in Konkurrenz zu den Junker-Schulen der SS bauen ließ.

Neben der gemeinsamen Ausbildung in den Grundlagen der NS-Ideologie und wehrsportlichen Aktivitäten verfolgten die drei Ordensburgen unterschiedliche inhaltliche Schwerpunkte.

Der Unterricht in Vogelsang bei Schleiden in der Eifel sollte die Grundlagen in Geschichte, Staatskunde und Rassenideologie legen. Die nie ganz fertiggestellte, aber weitgehend unzerstörte Anlage wurde ab 1936 errichtet und diente im Zweiten Weltkrieg als Truppenstandort der Wehrmacht sowie als Unterkunft mehrerer Adolf-Hitler-Schulen. Auch sie verfügt über einen Thingplatz, der Propagandaveranstaltungen dienen sollte. Nach dem Krieg kam Vogelsang unter belgische Militärverwaltung, das umliegende Gelände diente als Truppenübungsplatz. 2006 wurde der Komplex in zivile Nutzung überführt. Für den Unterricht ist die ehemalige Ordensburg Vogelsang aus mehreren Gründen interessant. Erstens ist sie von Rheinland-Pfalz aus im Rahmen eines

Wandertages oder einer Exkursionswoche am einfachsten zu erreichen und auch für Schulklassen zu besichtigen. Zweitens entsteht zurzeit ein Besucherzentrum mit einer Ausstellung, die über die Geschichte der NS-Ordensburgen und die Ideologie des Nationalsozialismus im Allgemeinen informiert. So können Schüler an einem authentischen außerschulischen Lernort be-greifen, wie nationalsozialistische Ideologie in Szene gesetzt wurde, insbesondere dann, wenn das landschaftliche Umfeld mit einbezogen wird, denn alle drei Ordensburgen liegen eingebettet in die Natur.

Aufbauend auf dem Unterricht in der Ordensburg Vogelsang sollte in Krössinsee bei Falkenburg in Pommern Vor- und Frühgeschichte sowie Rassenkunde gelehrt werden. Das Areal gehört heute der polnischen Armee. In Sonthofen schließlich, im Allgäu am Fuße der Alpen gelegen, sollten politische Fragen der Gegenwart behandelt werden. Die ehemalige Ordensburg dient heute als Generaloberst-Beck-Kaserne der Bundeswehr. Es stellt sich (auch im Unterricht) die Frage, ob es sinnvoll ist, dass Bundeswehrsoldaten in einem Gebäudekomplex ausgebildet werden, der seine Errichtung explizit der Vermittlung eines menschenverachtenden Gedankengutes und der Ausbildung eines »Führernachwuchses« verdankte. Charakteristisch für alle drei Anlagen sind die an den Bergfried mittelalterlicher Burgen erinnernden Türme, die von weitem sichtbar sind und zusammen mit den Mauern den Eindruck von Wehrhaftigkeit vermitteln sollen.

Ebenso wie die Thing-Bewegung haben die drei NS-Ordensburgen den ihnen zugedachten Zweck nicht erfüllt: Neben dem Stammpersonal erhielten nicht mehr als 1.500 »Junker« eine verkürzte Ausbildung, die mit Kriegsbeginn 1939 eingestellt wurde. Doch auch hier werden die Anklänge an die germanische Mythologie deutlich.

Nach den Thing-Stätten und Ordensburgen soll als drittes und letztes Beispiel das ehemalige Reichsparteitagsgelände in Nürnberg angeführt werden, die größte architektonische Überrest- und Traditionsquelle des Nationalsozialismus zugleich. Nach ersten Treffen in München und Weimar hielt die NSDAP ab 1927 ihre Reichsparteitage unter einem wechselnden Motto immer Anfang September in Nürnberg ab, ab 1933 bis zum Kriegsbeginn jährlich. Die Wahl dieses Ortes war kein Zufall gewesen, vereinigte doch Nürnberg aus der Sicht der Nationalsozialisten mehrere Vorteile: In Franken, wo Julius Streicher

(1885-1946) das antisemitische Hetzblatt *Der Stürmer* herausgab, hatte die NSDAP eine besonders starke Anhängerschaft. Zudem konnte auch hier, dem Grundverständnis des »Dritten Reiches« entsprechend, erneut versucht werden, propagandistisch an die Traditionen der germanisch-mittelalterlichen Geschichte anzuknüpfen. Die ehemals Freie Reichsstadt Nürnberg war, bevor Regensburg zum Sitz des Immerwährenden Reichstages wurde, der Ort mehrerer Reichstage im Heiligen Römischen Reich Deutscher Nation gewesen. Mit ihrer mittelalterlichen Kulisse und ihrer verkehrsgünstigen Lage bot sie gute Bedingungen für die Parteitage der NSDAP. Diesen kam nach 1933 im Ablauf des nationalsozialistischen Feierjahres eine bedeutende Rolle zu. Die Reichsparteitage vor der von Albert Speer (1905-1981) verantworteten Repräsentationsarchitektur dienten als Schaubühne nationalsozialistischer Propaganda und als Orte zur Verkündigung von Scheinplebisziten wie den Nürnberger Rassegesetzen von 1935 (es ist daher auch kein Zufall, dass die Alliierten nach 1945 die Prozesse gegen die Hauptkriegsverbrecher in Nürnberg abhielten). Der zwei Kilometer langen Großen Straße kam dabei die Funktion zu, die mittelalterliche Reichsstadt mit dem Gelände der neuen »Bewegung« zu verbinden. Mit Großereignissen, die durch Elemente des Toten- und Opferkultes angereichert und durch die nächtlichen Lichtdome in die mythische Vorzeit entrückt wurden, sollte der Anschluss an die Welt der Germanen, in der die Götter des Kampfes und der Stärke die Ordnung garantieren, wiederhergestellt werden.

Da diese Propagandainszenierungen durch die Fotografien von Heinrich Hoffmann (1885-1957) und Leni Riefenstahls (1902-2003) Auftragsarbeit *Triumph des Willens* (1934) bestens dokumentiert sind, lassen sie sich auch heute noch für den Unterricht nutzen, um die beabsichtigte Synthese von germanischer Mythologie und nationalsozialistischer Ideologie zu erarbeiten. Das Ergebnis wird auch hier sein, dass es keine stringente Verbindung zwischen germanischen Vorstellungen, die ja ihrerseits nur ein Konstrukt sind, und dem Nationalsozialismus gibt, sondern dass sich der Nationalsozialismus je nach Bedarf einzelner Versatzstücke bediente, um sich einerseits historisch zu legitimieren, andererseits die Irrationalität der eigenen Ideologie unangreifbar zu machen.

Dekonstruktion von Geschichtsbildern (Sekundarstufe II)

Der Geschichtsunterricht in der Sekundarstufe II kann und muss zur Vorbereitung auf das Abitur höhere Anforderungen stellen als in der Sekundarstufe I. Benötigen Schüler dort Hilfestellungen in Form von Personalisierungen und Konkretisierungen, so darf in der Sekundarstufe II ein höheres Abstraktionsniveau angestrebt werden.

In seiner Selbstdarstellung bezeichnete sich die nationalsozialistische Diktatur als das sogenannte »Dritte Reich«. Es ist erstaunlich, wie oft diese Vokabel auch heute noch sowohl in Schulbüchern als auch in wissenschaftlicher Literatur unreflektiert verwendet wird. So heißt der entsprechende Band über die NS-Zeit in der bei Studierenden beliebten Buchreihe *Oldenbourg Grundriss der Geschichte* weiterhin »Das Dritte Reich« ⟨HILDEBRAND 2009⟩ – ohne jede Relativierung. Der propagandistische Gehalt dieser nur scheinbar unverfänglichen Bezeichnung wird nur selten bewusst thematisiert. Die Sekundarstufe II ist jedoch der richtige Ort dafür, um genau das zu tun.

Eines der Ziele des Geschichtsunterrichts besteht darin, den Konstruktcharakter von Geschichte zu erkennen. Das heißt konkret, Schüler sollen lernen, dass ›Geschichte‹ nicht an und für sich existiert, sondern erst durch die subjektive Auslegung von Überlieferungen aus der Vergangenheit gemacht, also konstruiert wird und dass hinter diesem Prozess Interessen stehen, die es zu erkennen gilt. Im Falle des »Dritten Reiches« wurde ganz offensichtlich eine historische Reihung versucht, indem dieses »Dritte Reich« an ein vorangegangenes erstes und zweites Reich angeschlossen wurde. Der Sinn bestand darin, die neue und ohne direktes Vorbild dastehende Diktatur des Nationalsozialismus durch den konstruierten Anschluss an das Heilige Römische Reich Deutscher Nation (Erstes Reich) und das Kaiserreich von 1871 (Zweites Reich) historisch zu legitimieren und ihr damit internationale Anerkennung zu verschaffen, die infolge des verlorenen Ersten Weltkrieges fehlte. Die Verbindung wurde u. a. durch die Wiederaufnahme und Hervorhebung jener deutscher Erinnerungsorte (zum Beispiel Nürnberg, s. o.) sowie Dichter und Denker hergestellt, in deren Werke man Inhalte zur Absicherung der NS-Ideologie zu erkennen glaubte. Dabei wurde erneut auf die germanisch-mittelalterliche Zeit zurückgegriffen, indem ein Traditionszusammenhang konstruiert wurde. Hinzu kamen die Vertreter des nationalsozialistischen Märtyrer- und Totenkultes, der ebenfalls Anklänge an die germanische Mythologie enthielt. Dabei musste dem kritischen Zeitgenossen damals und es sollte den kritischen Schülern heute klar werden, dass es zwar mögliche Verbindungen, aber auch entscheidende Unterschiede zwischen den »Dritten Reichen« gab: So entsprach etwa die lange Zeit geltende Ständelehre des Ersten Reiches von ihrem Aufbau her dem Prinzip des hierarchischen Führerstaates, von der an die Geburt gebundenen Privilegien stand sie jedoch im Widerspruch zur »blutgebundenen rassisch reinen Volksgemeinschaft«. Zwar war das Kaiserreich der erste Nationalstaat auf deutschem Boden, doch konnte die auf dynastischer Grundlage beruhende konstitutionelle Monarchie mit ihren in der Verfassung verankerten Partizipationsrechten und ihrer Parteienvielfalt aus nationalsozialistischer Sicht ebenfalls nur bedingt als Vorbild gelten. Dem Nationalsozialismus sollte es also zukommen, die angeblich von der germanischen Urzeit herrührende und über die noch vorhandenen Unzulänglichkeiten des »Ersten« und »Zweiten Reiches« verlaufende Entwicklung eines rassisch-reinen Volkes in Zukunft zu vollenden. Die Zeit des Deutschen Bundes und der ungeliebten Weimarer Republik wurde dabei bewusst ausgeblendet bzw. im Bedarfsfall, etwa der »Entarteten Kunst«, als Negativfolie bemüht. Dem Deutschen Bund fehlte es an nationaler Einigkeit, die Weimarer Republik war aufgrund ihrer Geburt aus der November-Revolution und ihrer liberalen Verfassung ohnehin gänzlich diskreditiert. Sie stand mit der Reformfreudigkeit der 20er-Jahre, auch wenn diese nur von einer Avantgarde in wenigen Großstädten getragen wurde, in völligem Gegensatz zu dem, was die NS-Ideologie für »deutsch« und »germanisch« hielt.

**Und heute? Germanische Mythologie im
modernen Rechtsextremismus**

Der Rückgriff auf Motive der germanischen Vorzeit ist mit dem Untergang des nationalsozialistischen Staates keineswegs vorbei. So wie sein historisches Vorbild, bedient sich auch der moderne Rechtsextremismus gerne bei Themen und Symbolen aus der germanischen Mythologie, um seine Ideologie einerseits zu transportieren, andererseits zu tarnen. Dies gilt insbesondere für die Bereiche der Musik und der Zeichenkunde.

Rechtsradikale Musikgruppen verwenden bei ihren Auftritten oder der Gestaltung ihrer Alben gerne germanisch-nordische Anspielungen, um ihre Inhalte zu verbreiten. Über die emotionalisierende Wirkung der Musik sollen größere Kreise angesprochen werden. Gezielt werden Lieder mit antisemitischen und fremdenfeindlichen Gedanken eingesetzt, um im Sinne der Nachwuchsrekrutierung Schülerinnen und Schüler zu erreichen, ein Mittel, dessen sich schon die Hitlerjugend bedient hatte. Besonders beliebt sind dabei Rückgriffe auf die Gottheit Odin bzw. Wotan. Odin/Wotan herrscht in der nordischen Mythologie als Göttervater, Kriegs- und Totengott. Germanische Schriftzeugnisse zum Odin-/Wotan-Kult gibt es nur wenige, was der ideologischen Aufladung dieser Sagengestalt nicht abträglich ist. Weitere Gottheiten, auf die sich gerne bezogen wird, sind der Wetter- oder Donnergott Thor sowie Tyr, Gott des Kampfes und Sieges sowie Wahrer des Rechts, der zugleich auch Schutzgott des Things war. All diesen Göttern gemein ist ein recht vager Bezug zu Männlichkeit, Stärke und Gewalt. Weiche oder weibliche Gottheiten finden dagegen keine Berücksichtigung.

Ein zweites und damit zusammenhängendes Feld, in dem germanische Götternamen und Runen gerne adaptiert werden, ist der Bereich der Mode. Hier ist neben anderen vor allem die bekannte Marke Thor Steinar zu nennen, eine deutsche Gründung, die 2008 nach Dubai verkauft wurde. Das ursprüngliche Logo bildete eine Kombination aus der Tyr- und der Siegrune, es wurde nach dem Verbot als »Kennzeichen verfassungswidriger Organisationen« und der Beschlagnahmung der Kleidung in ein neues Logo umgewandelt, das aber ebenfalls an eine Rune angelehnt ist. Bereits im Nationalsozialismus waren Runen aufgegriffen und im Sinne der Ideologie umgedeutet worden. Bekannte Beispiele sind die doppelte Siegrune als Kennzeichen der SS oder die Tyr-Rune, die auch als Todeszeichen Verwendung findet. Rechtsradikale Gruppierungen nehmen diese Runen wieder auf und nutzen sie als Erkennungs- und Ausgrenzungszeichen. Dass den meisten Trägern Herkunft und ursprüngliche Bedeutung dieser Zeichen weitgehend unbekannt ist, spielt kaum eine Rolle. Entscheidend ist die mythisch-geheimnisvolle Aura, die von den Zeichen ausgeht und die genügend Spielraum für eigene Interpretationen zulässt.

Die Zeiten, als Rechtsradikale an bestimmten Musikrichtungen oder Merkmalen der Mode, etwa Springerstiefel mit weißen Schnürbändern, eindeutig zu erkennen waren, sind allerdings vorbei, da die signifikanten Kleidercodes weitgehend aufgelöst wurden und inzwischen auch Symbole linker Gruppierungen, wie etwa das Palästinensertuch, bewusst übernommen werden, um andere Gruppen gezielt zu unterwandern. Gerade die intellektuellen Führer der rechten Szene treten äußerlich betont unauffällig auf, um den Strafverfolgungsbehörden keine Handhabe zu geben.

Die Gemeinsamkeit bei der Wiederaufnahme von Motiven und Zeichen aus der germanischen Mythologie im modernen Rechtsextremismus besteht in der Verherrlichung von Gewalt gegenüber Schwächeren und all jenen, die als fremd empfunden werden. Auch hier wird wieder deutlich, dass der Rechtsradikalismus – auch mithilfe germanischer Mythologie – Angst zu verbreiten versucht, andererseits wie sein historisches Vorbild auch aus der Angst heraus geboren ist. Nationalsozialismus und Rechtsradikalismus erweisen sich damit letzten Endes als Ideologien der eigenen Unsicherheit und Schwäche, die durch ein entsprechend martialisches Auftreten kaschiert werden sollen. Dies mit Schülerinnen und Schülern zu erarbeiten, stellt ein gleichermaßen wichtiges wie reizvolles Unterfangen dar.

Literatur

ARCHIV DER JUGENDKULTUREN (2001): Reaktionäre Rebellen. Rechtsextreme Musik in Deutschland. Berlin: Archiv der Jugendkulturen.

Bildungsstandards Geschichte (2011). Hrsg. vom VERBAND DER GESCHICHTSLEHRER DEUTSCHLANDS. www.geschichtslehrerverband.org/Bildungsstandards

DIETZFELBINGER, ECKART / LIEDTKE, GERHARD (2004): Nürnberg – Ort der Massen. Das Reichsparteitagsgelände. Vorgeschichte und schwieriges Erbe. Berlin: Ch. Links.

FALTER, JÜRGEN (1991): Hitlers Wähler. München: Beck.

Feuerrede. Rundschreiben der NSDAP-Gau-Propagandaleitung vom 11.06.1937 zur Gestaltung der Sonnenwendfeiern. www.lha-rlp.de/index

HEINEN, FRANZ ALBERT (2011): NS-Ordensburgen. Vogelsang, Sonthofen, Krössinsee. Berlin: Ch. Links.

HILDEBRAND, KLAUS (2009): Das Dritte Reich. München: Oldenbourg.

HILDEBRAND, KLAUS (2012): Geschichte des Dritten Reiches. München: Oldenbourg.

HITLER, ADOLF (1935): Mein Kampf. München: Verlag Franz Eher.

Lehrpläne Lernbereich Bildungswissenschaften (1998). Erdkunde, Geschichte, Sozialkunde. Sekundarstufe I. Mainz: Ministerium für Bildung, Wissenschaft und Weiterbildung.

REICHEL, PETER (1995): Politik mit der Erinnerung. Gedächtnisorte im Streit um die nationalsozialistische Vergangenheit. München: Fischer.

STAMMER, RAINER (1985): Die inszenierte Volksgemeinschaft. Die »Thing-Bewegung« im Dritten Reich. Marburg: Jonas-Verlag.

STEFFENS, GERD / LANGE, THOMAS (2009, 2011): Der Nationalsozialismus. Bd. 1: Staatsterror und Volksgemeinschaft 1933-1939. Bd. 2: Volksgemeinschaft, Holocaust und Vernichtungskrieg. Schwalbach/Ts.: Wochenschau Verlag.

SÜNNER, RÜDIGER (1992): Schwarze Sonne. Entfesselung und Mißbrauch der Mythen in Nationalsozialismus und rechter Esoterik. Freiburg: Herder.

URBAN, MARKUS (2007): Die Konsensfabrik. Funktion und Wahrnehmung der NS-Reichsparteitage 1933-1941. Göttingen: Vandenhoeck & Ruprecht.

WOLF, GERHARD (2012): Ideologie und Herrschaftsrationalität. Nationalsozialistische Germanisierungspolitik in Polen. Hamburg: Hamburger Edition.

ZELNHEFER, SIEGFRIED (1991): Die Reichsparteitage in Nürnberg. Nürnberg: Nürnberger Presse Druckhaus.

FABIAN MÜLLER

mit Unterstützung von RAMONA DEHOFF,
KATJA FOCKE und MARTINA RUPPERT-KELLY

Den Missbrauch der Mythologie bekämpfen – Erste Ansätze für eine wirksame Präventionsarbeit

Einleitung

Bereits bei der Konzeption der Tagung wurde deutlich, dass in der pädagogischen Praxis noch keinerlei didaktische Ansätze zum Umgang mit dem Problem der Vereinnahmung germanischer Mythologie im Rechtsextremismus existieren. Daher verfolgte die Tagung auch das Ziel, nicht nur den wissenschaftlichen Sachstand in mehreren Facetten aufzubereiten und zu diskutieren, sondern den Teilnehmern auch einen Anstoß zu geben, das Erfahrene in die praktische Arbeit einfließen zu lassen und Ideen für die weitere Arbeit zu entwickeln.

Wie kann ein Missbrauch der germanischen Mythologie durch rechtsextreme Kreise bekämpft werden? Welche Handlungsfelder, Akteure und Institutionen eignen sich für die Entwicklung von Präventionsmaßnahmen? Wer soll durch diese Maßnahmen auf welchem Wege erreicht werden? Mit diesen und anderen Fragen befassten sich im Nachgang der Tagung mehr als zwanzig Expertinnen und Experten aus verschiedenen Bereichen in drei geschlossenen Expertenworkshops. Darunter befanden sich u. a. Wissenschaftler und Museumspädagogen, Akteure der schulischen und außerschulischen Jugend- und Erwachsenenbildung, Fachkräfte aus den Bereichen Jugendschutz, Extremismusprävention und Medienproduktion sowie Organisatoren von Mittelaltermärkten. Als Themenfelder für die Workshops wurden seitens der Veranstalter die »pädagogische Welt«, die »virtuelle Welt«

und die »reale Welt« vorgesehen, wobei zu Beginn bereits klar war, dass sich diese nicht trennscharf voneinander abgrenzen lassen und in der Praxis Überschneidungspunkte zu erwarten sind.

Die Teilnehmenden diskutierten in den Workshops gemeinsam mit den Referenten des Tages über deren Thesen und brachten wertvolle Eindrücke aus ihrer eigenen Berufspraxis ein. Neben dem Erfahrungsaustausch ging es vor allem darum, Probleme und Handlungserfordernisse zu identifizieren und darauf aufbauend Lösungsvorschläge und Projektideen zu entwickeln und an die Veranstalter heranzutragen. Insgesamt wurden in den drei Gruppen vierzehn Projektideen verschiedenster Art formuliert, teilweise bereits mit ergänzenden Vorschlägen zu möglichen Finanzierungsquellen und Kooperationspartnern. Basierend auf diesen Ideen sowie den Protokollen der Workshops und weiteren Notizen soll nachfolgend eine Zusammenschau der Diskussionen und ein Überblick über die Projektideen erfolgen.

Die pädagogische Welt

Müssen wir künftig eine bessere Germanenkunde vermitteln, um die Nutzung rechtsextremer Quellen zu unterbinden? Wie können wir die Suche nach Identität junger Menschen bedienen? Und welche methodischen und didaktischen Ansätze brauchen wir dazu? Diese Fragestellungen standen am Anfang der Expertendiskussion, in der sowohl mögliche Angebote für die schulische, als auch für die außerschulische Bildung diskutiert wurden.

Im Schulalltag fällt es derzeit schwer, die Thematik sinnvoll zu integrieren, insbesondere wenn man den Anspruch verfolgt, auch die Faszination, die die Mythologie auf Jugendliche ausübt mit einzubeziehen und über Ängste und Misserfolge bzw. die Suche nach Halt und Identität zu sprechen. Selbst die rein faktenbasierte Auseinandersetzung mit germanischer Mythologie ist aktuell in den rheinland-pfälzischen Lehrplänen nicht vorgesehen, dementsprechend ist das Thema auch nicht in die Lehreraus- und -fortbildung integriert. Ebenso mangelt es an geeignetem Unterrichtsmaterial. Somit ist es nicht verwunderlich, dass auch der Missbrauch germanischer Mythologie im Rechtsextremismus nicht thematisiert wird. Daher wäre es zunächst an dieser Stelle geboten, gemeinsam mit fachdidaktischen Lehrstühlen und Studienseminaren ein Bildungsangebot für angehende und bereits aktive Lehrkräfte zu entwickeln und zu bewerben, das über die Vermittlung von Faktenwissen hinausgeht. Parallel dazu könnte, z. B. in Zusammenarbeit mit dem pädagogischen Landesinstitut, eine schnell umsetzbare und im Internet abrufbare Unterrichtsreihe entstehen.

Aufwendiger wäre es, in einem zweiten Schritt Konzepte für Workshops und Projekttage zu entwickeln, möglicherweise auch mit Regionalbezug. Diese würden die Möglichkeiten bieten, weit über die reine Informationsebenen hinauszugehen, in Interaktion zu treten und auch die Ursachen der Hinwendung zur Mythologie (z. B. Ängste, Misserfolg) zu beleuchten. Hier bleibt zunächst die Frage offen, welche Träger solche Angebote konzipieren, bewerben und umsetzen könnten. Maßnahmen, die das normale Unterrichtsraster von 45 bzw. 90 Minuten überschreiten, sind außerdem in der Regel schwerer in den Schulalltag zu integrieren. Die Kostenfrage bleibt ebenfalls offen.

Diskutiert wurde auch, ob das Auflegen einer kleinen Informationsbroschüre sinnvoll sein könnte (Titelvorschlag: »Germanische Mythologie und die Rechte – Alles nur geklaut?«). Deren Umsetzung erscheint aus Kostengründen kurzfristig schwierig und bedingt die Kooperation mit mehreren Partnern. Außerdem muss ein ausgewiesener Experte für das Projekt gewonnen werden, der in der Lage ist, eine sinnvolle Themenauswahl zu treffen und diese für breite Zielgruppen ansprechend aufzubereiten.

Insbesondere im Bereich der Jugendarbeit scheint Handlungsbedarf zu bestehen. Mancherorts sind Angebote für Jugendliche (z. B. in Vereinen, Kirchen, Jugendeinrichtungen) nicht ausreichend verfügbar. Jugendkulturen müssen die Möglichkeit haben, sich frei zu entfalten und vom Umfeld akzeptiert zu werden. Partizipationsmöglichkeiten in Schule und Kommune gelten als wirksame Präventionsmaßnahmen gegen Rechtsextremismus und ermöglichen Gestaltungserfahrungen. Kurzfristige Angebote der politischen Bildung und Partizipationsmöglichkeiten sollten daher gefördert werden.

Die virtuelle Welt

Das Internet bietet einen unüberschaubaren Fundus an Quellen und Meinungsäußerungen, der sich allerdings nur schwer kontrollieren lässt. Seine Anonymität erleichtert die Verbreitung rechtsextremer Positionen an einen großen Personenkreis. Sucht man im Internet nach einschlägigen Begriffen aus dem Bereich der Mythologie, stößt man auf Youtube oftmals auf Lieder rechtsextremer Bands bzw. und wird bei der Benutzung von Suchmaschinen häufig auf Wikipedia verwiesen. Wissenschaftliche Seiten zum Thema (z. B. »religions of the north«) findet man dagegen nur selten.

Von den vielen Foren rund um germanische Mythologie distanzieren sich einige deutlich von rechtsextremistische Positionen, andere werden vom Verfassungsschutz beobachtet. Die Gesamtzahl der rechtsextremen Internetseiten hat sich in den letzten Jahren kaum verändert, im Web 2.0 wachsen die Angebote jedoch rasant. Manche Schattenseiten des Internets entdeckt man nur durch entsprechende Hinweise. Obwohl eine verstärkte Strafverfolgung im Netz als wünschenswert erachtet wird, können Verbote alleine keinesfalls die Lösung darstellen, üben sie doch auf Jugendliche zuweilen eher Reiz aus, anstatt abschreckend zu wirken. Außerdem bewegt sich ein Großteil der umstrittenen Onlineangebote einschließlich der Produkte der einschlägigen Versandhändler noch im legalen Bereich.

Wichtiger ist daher, der Fülle an Halbwissen im Internet ein fundiertes Informationsangebot entgegenzusetzen und die Deutungshoheit nicht der rechtsextremen Szene zu überlassen. Hierbei nimmt Wikipedia eine Schlüsselposition ein. Zum einen gilt es als Standardportal zum Nachschlagen von Faktenwissen, zum anderen werden entsprechende Inhalte und Links bei Google prioritär angezeigt. Daher sollte künftig darauf geachtet werden, seriöse Seiten verstärkt über Wikipedia zu verlinken. So wird etwa das *Lexikon der Germanischen Mythologie* dort schon konsequent eingepflegt. Ebenso gilt es, der ›Erlebniswelt Rechtsextremismus‹ eine ›Gegenwelt‹ entgegenzusetzen, die von Jugendlichen als attraktiver empfunden wird. Dies kann u. a. auch durch attraktiv aufbereitete Gegenbilder und Gegeninformationen entstehen, z. B. indem Begriffe der germanischen Mythologie in *short clips* im Netz erklärt werden.

Die reale Welt

Auch auf Mittelaltermärkten sind Rechtsextremisten aktiv, zwei Reenactmentgruppen fallen hier regelmäßig auf. Von einer systematischen Unterwanderung kann aber keinesfalls gesprochen werden. Auf Mittelaltermärkten findet sich vielmehr ein Abbild der Gesellschaft und somit sind auch verschiedene politische Strömungen anzutreffen. Als besonders problematisch wird erachtet, dass teilweise an Verkaufsständen CDs mit rechtsextremer Musik und weitere Produkte aus der rechten Szene angeboten werden. Die Veranstalter und Mitwirkenden sind aktuell nicht ausreichend sensibilisiert. Unwissenheit und gefährliches Halbwissen verhindern ein konsequentes Vorgehen gegen die Verbreitung rechtsextremer Orientierungen. Bisher existiert für Organisatoren und Standbetreiber keine Anlaufstelle für die Thematik. Nötig wäre ein Kompetenznetzwerk, welches als Ansprechpartner bereitsteht und Informationsangebote, z. B. eine Internetseite, entwickelt.

Hilfreich könnte z. B. ein Regelwerk sein, angelehnt an bestehende Symbollexika, das man innerhalb der Mittelalterszene verbreiten kann. Dieses sollte insbesondere unsere heutige Perspektive zu bestimmten Symbolen beleuchten und vermitteln, dass nicht das Symbol an sich sondern das derzeitige Verhältnis zu diesem Symbol für dessen Verwendungen entscheidend ist. Mit diesem Vorschlag in Zusammenhang steht die Idee, mit geschultem Personal, z. B. Historikern, direkt auf den Veranstaltungen Aufklärungsarbeit zu leisten und das Gespräch mit den Akteuren zu suchen. Problematisch ist hier der unzureichende Forschungsstand. Man kann zwar Fehler in den Darstellungen erkennen und kritisieren; wie es nun wirklich z. B. bei den Kelten und Wikingern war und heute dargestellt werden sollte, ist jedoch oftmals nicht geklärt. Die Szene wäre für Workshopangebote zur Information und Sensibilisierung durchaus dankbar, mögliche Ansprechpartner und Anbieter könnten hier Universitäten und Fachhochschulen oder auch Museen sein.

Besondere Verantwortung für die Einhaltung demokratischer Standards tragen jedoch in erster Linie die Veranstalter, die die Verantwortung für die Auswahl der Schausteller tragen. Für sie sollte es eigentlich selbstverständlich sein, ihr historisches Bewusstsein zu schärfen; zur Teilnahme an Informationsveranstaltungen können sie aber nicht gezwungen werden. Ebenso scheint es nicht realisierbar, Reenactment gänzlich zu entmilitarisieren. Auch Gewalt ist Teil der Geschichte, bei deren Darstellung könnte jedoch die Kunst künftig stärker eingreifen als bisher. Durch künstlerische Darstellungen und humoristische Umsetzungsformen können Mythen niedrigschwellig neu erzählt und allgemein zugänglich gemacht werden. Auch kann ein stärkerer Schwerpunkt auf Handwerksdarstellungen dazu beitragen, Gewaltdarstellungen eher an den Rand zu drängen.

Leider ist das Themengebiet bislang weitgehend unerforscht, auf universitärer Ebene fehlt ein Lehrstuhl zum Thema »Living History«, der z. B. die oben geschilderten Angebote konzipieren und als wissenschaftliche Anlaufstelle eine Schlüsselposition für die Szene einnehmen könnte. Ein gemeinsames Forschungsprojekt von Mittelalterszene und Universität wäre zwar schwer zu realisieren, aber durchaus wünschenswert.

Fazit

Deutlich wurde in allen Workshops, dass Bildung und Information sowie zielgruppenorientierte Vermittlung mit Mitteln der Living History zentrale Komponenten einer wirksamen Handlungsstrategie gegen die Vereinnahmung germanischer Mythologie durch rechtsextreme Kreise darstellen. Dies gilt sowohl für die schulische als auch die außerschulische Jugendbildung und für die Erwachsenenbildung gleichermaßen. Die durch Tabuisierung große Unwissenheit auf dem Gebiet germanischer Mythologie macht es den Rechtsextremisten möglich, das dort vorhandene Reservoir an Geschichten zu nutzen und propagandistisch einseitig zu deuten. Es ist daher notwendig, Angebote zu schaffen, die dem Stand wissenschaftlicher Erkenntnis entsprechen, anregend vermittelt, erzählt und inszeniert werden und in ihrer demokratischen Grundhaltung mit den Angeboten von rechts in der Öffentlichkeit konkurrieren.

Kurzbiografien
der Autoren

Volker Gallé, Studium der Germanistik, Philosophie und Ethnologie in Mainz, 1980 Magisterexamen über Franz Kafka, danach Musiklehrer, Musiktherapeut und Musiker, seit 1985 Journalist und Schriftsteller, seit 1998 Vorsitzender der Nibelungenliedgesellschaft (bisher sechs Symposien zum Nibelungenlied), seit 2004 Kulturkoordinator der Stadt Worms.

Georg Schuppener, geb. 1968 in Aachen, Prof. Dr. Dr. Studium der Germanistik, Geschichte, Mathematik, Philosophie und Wissenschaftsgeschichte in Aachen, Hamburg, Leipzig und Jena. Gastprofessuren in Halle/Saale, Kaliningrad (Königsberg/Russland) und Ústí nad Labem (Aussig/Tschechische Republik). Im Jahre 2002 Theodor-Frings-Preis der Sächsischen Akademie der Wissenschaften zu Leipzig. Derzeit außerplanmäßiger Professor am Institut für Germanistik der Universität Leipzig im Bereich Sprachgeschichte sowie Professor an der Universität Cyrill und Method in Trnava (Tyrnau/Slowakei). Autor zahlreicher Publikationen zur Sprach-, Literatur-, Kultur- und Wissenschaftsgeschichte.

Rudolf Simek, geb. 1954, Dr. phil.: Wien 1980, Mag. theol.: Wien 1981, Habilitation Wien 1990. Lektor am Germanistischen Institut und Leiter der Fachbibliothek für Germanistik an der Universität Wien 1980–1995; Professor für ältere deutsche Literatur mit Einschluss des Nordischen, Universität Bonn seit 1995. Einjährige Gastprofessuren in Sydney und Tromsø, zahlreiche Gastdozenturen im europäischen Ausland und in Korea. Ca. 30 Buchpublikationen umfassen eine Reihe von Übersetzungen aus dem Altnordischen, Lexika über germanische Mythologie, altnordische Literatur und mittelalterliche Artusliteratur, Monografien zur mittelalterlichen Wissenschaftsgeschichte, zur Wikingerzeit und zur germanischen Religion, die z. T. ins Englische, Französische, Spanische und Isländische übersetzt wurden. Dazu ca. 150 Aufsätze sowie zahlreiche Lexikonartikel und Rezensionen, Fernseh- und Filmbeiträge.

Burckhard Dücker lehrt als apl. Professor für Neuere deutsche Literatur am Germanistischen Seminar der Universität Heidelberg. Forschungsschwerpunkte sind ritualwissenschaftliche und -geschichtliche Fragestellungen der Literatur- und Kulturgeschichte, deutsche Literaturgeschichte vom 18. bis zum 20. Jahrhundert.

Martin Langebach, Soziologe (M. A.) und Dipl-Sozialpädagoge, tätig bei der Bundeszentrale für politische Bildung (bpb). Forschungsschwerpunkte Jugendsoziologie, Rechtsextremismus und rechtsextreme Jugend(kulturen). Er veröffentlichte zuletzt mit JAN RAABE *RechtsRock – Made in Thüringen* (2013), mit ANDREAS SPEIT *Europas radikale Rechte* (2013) und den mit MICHAEL STURM den Sammelband *Erinnerungsorte der extremen Rechten* (2015, im Erscheinen).

Franz Josef Röll, geb. 1949, kaufmännische Lehre, Buchhalter bei einer Steuerberatungsgesellschaft, 2. Bildungsweg. Studium der Soziologe (Diplom) und außerschulischen Pädagogik und Erwachsenenbildung (Diplom) an der Goethe-Universität in Frankfurt. Mehrjährige ehrenamtliche Aktivität im Jugendverbandsbereich. Jugendbildungsreferent bei der DLRG-Jugend Hessen (drei Jahre), Bildungsreferent beim Institut für Medienpädagogik und Kommunikation in Frankfurt (16 Jahre). Promotion über Mythen und Symbole in populären Medien an der Universität Bielefeld. Seit 1. September 1999 Professur an der Hochschule Darmstadt, FB Gesellschaftswissenschaften und Soziale Arbeit, Schwerpunkt: Neue Medien und Medienpädagogik.

Sebastian Winter, geb. 1976, Dr. phil., ist Sozialpsychologe und Historiker. Er arbeitet zurzeit als Lehrkraft für besondere Aufgaben an der Fakultät für Soziologie der Universität Bielefeld im Arbeitsbereich »Gender«. Die thematische Klammer seiner Publikationen und Lehrangebote bildet die Sozialisationsforschung, mit einem Schwerpunkt auf der (historischen) Forschung zu affektiven Prozessen von Geschlechterdifferenzierungen und Gemeinschafts- bzw. Feindbildungen. Die psychoanalytische Sozialpsychologie liefert hierbei die theoretische Perspektive. Ausgewählte Publikation: (2013): *Geschlechter- und Sexualitätsentwürfe in der ss-Zeitung* Das Schwarze Korps. *Eine psychoanalytisch-sozialpsychologische Studie.* Gießen: Psychosozial.

Ralph Erbar, Dr., geb. 1960 in Koblenz, Historiker und Pädagoge. Studium der Fächer Geschichte, Germanistik und Philosophie in Mainz. Fachleiter für Geschichte am Staatlichen Studienseminar in Bad Kreuznach, Lehrer an der Privaten Hildegardisschule in Bingen. Landesvorsitzender des rheinland-pfälzischen Geschichtslehrerverbandes (seit 2001), Beisitzer (2006–2012) und stellvertretender Vorsitzender (seit 2012) im Geschäftsführenden Bundesvorstand. Mitbegründer und Mitherausgeber der Zeitschrift *Geschichte für heute* (seit 2008). Teilabordnung an den Arbeitsbereich Geschichtsdidaktik am Historischen Seminar der Universität Mainz (seit 2010). Publikationen zur deutschen und europäischen Geschichte des 19. und 20. Jahrhunderts sowie zur Fachdidaktik.

Fabian Müller, geb. 1988, M. Ed., B. A., Studium Politikwissenschaft, Germanistik, Bildungswissenschaften an der Johannes-Gutenberg Universität Mainz, seit 2008 freier Mitarbeiter bei der Landeszentrale für politische Bildung Rheinland-Pfalz in den Bereichen »Schule ohne Rassismus. Schule mit Courage«, Extremismusprävention, Argumentationstrainings und Gedenkstättenpädagogik, seit 2014 pädagogischer Mitarbeiter in der Gedenkstätte KZ Osthofen. Aktuelle Publikation u. a. *Aufgemerkt! – Courage macht an!* (mit LUKAS STEMLER) Mainz, Landeszentrale für politische Bildung, 4. Auflage 2013.

Die Zeit des Nationalsozialismus in Rheinhessen

Förderverein Projekt Osthofen (Hrsg.)
Rheinhessische Wege in den Nationalsozialismus
Studien zu rheinhessischen Landgemeinden von der Weimarer Republik bis zum Ende der NS-Diktatur

Der Nationalsozialismus gilt als eine der am besten untersuchten Phasen der deutschen Geschichte. In der Regionalforschung sind aber nach wie vor viele Fragen offen, so auch in Rheinhessen. Der vorliegende Band betritt daher vielfach Neuland. Anhand von sechs Fallbeispielen erlaubt er einen Einblick in Entstehung und Realisierung der NS-Herrschaft in Rheinhessen.

268 Seiten, Broschur
23 Abbildungen und Karten
ISBN 978-3-936118-74-2
PREIS 19,80 €

Hedwig Brüchert
Ausländische Zwangsarbeiter und Zwangsarbeiterinnen in Osthofen während des Zweiten Weltkriegs

Ausländische Zwangsarbeiter waren während der Kriegsjahre überall im Land auch in Kleinbetrieben, im Handwerk, in der Landwirtschaft und in Privathaushalten zu finden. Auch in der rheinhessischen Gemeinde Osthofen lebten und arbeiteten während des Zweiten Weltkriegs mindestens 620 ausländische Männer und Frauen, die man zwangsweise hierher gebracht hatte.

104 Seiten, Broschur
27 Abbildungen
ISBN 978-3-936118-29-2
PREIS 16,00 €

Sebastian Bonk, Gerold Bönnen, Philip Schäfer, Ulrike Schäfer
Auf den Spuren des Nationalsozialismus in Worms

An 18 Stationen in und um Worms werden Orte und Personen im Nationalsozialismus dargestellt. Zwei Routenvorschläge bieten die Möglichkeit, Geschichte zu Fuß zu erkunden. Ein Anhang mit einem Verzeichnis von Personen und Institutionen der NSDAP sowie mit einem Literaturverzeichnis ergänzt die Rundgänge.

52 Seiten, Broschur
60 Abbildungen
ISBN 978-3-936118-41-4
PREIS 5,00 €

Ihr Spezialist für
Nibelungen | Regionalia | Judaica

WORMS VERLAG

www.worms-verlag.de

Die wissenschaftlichen Bände der Nibelungenliedgesellschaft Worms

Ein Lied von gestern?
Zur Rezeptionsgeschichte des Nibelungenliedes

237 Seiten, Broschur
41 Schwarzweiß-Abbildungen
ISBN 978-3-936118-25-4
PREIS 16,50 €

Die Nibelungen in Burgund
Westeuropäische Aspekte der Nibelungenliedforschung

223 Seiten, Broschur
34 Schwarzweiß-Abbildungen
ISBN 978-3-936118-04-9
PREIS 12,00 €

Sagen- und Märchenmotive im Nibelungenlied

198 Seiten, Broschur
17 Schwarzweiß-Abbildungen
ISBN 978-3-936118-05-6
PREIS 12,00 €

Der Mord und die Klage
Das Nibelungenlied und die Kulturen der Gewalt

186 Seiten, Broschur
ISBN 978-3-936118-06-3
PREIS 12,00 €

Die Nibelungen in der Moderne

198 Seiten, Broschur
ISBN 978-3-936118-07-0
PREIS 12,00 €

Die Burgunder
Ethnogenese und Assimilation eines Volkes

424 Seiten, Broschur
25 Schwarzweiß-Abbildungen
ISBN 978-3-936118-24-7
PREIS 24,80 €

Schätze der Erinnerung
Geschichte, Mythos und Literatur in der Überlieferung des Nibelungenliedes

214 Seiten, Broschur
28 Schwarzweiß-Abbildungen
ISBN 978-3-936118-26-1
PREIS 16,50 €

Arminius und die Deutschen
Dokumentation der Tagung zur Arminiusrezeption

84 Seiten, Broschur
9 Schwarzweiß-Abbildungen
ISBN 978-3-936118-76-6
PREIS 16,50 €

WORMS VERLAG

Ihr Spezialist für
Nibelungen | Regionalia | Judaica

www.worms-verlag.de